幼儿园美术活动创意设计

YOUERYUAN MEISHU HUODONG CHUANGYI SHEJI

罗梅　赵福云◎主编

中国轻工业出版社　全国百佳图书出版单位

图书在版编目（CIP）数据

幼儿园美术活动创意设计/罗梅，赵福云主编．—北京：中国轻工业出版社，2013.10（2021.11重印）
ISBN 978-7-5019-9323-9

Ⅰ.①幼⋯ Ⅱ.①罗⋯ ②赵⋯ Ⅲ.①美术课－学前教育－教学参考资料 Ⅳ.①G613.6

中国版本图书馆CIP数据核字（2013）第131699号

总 策 划：石　铁
策划编辑：高　君　　　　　　责任终审：杜文勇
责任编辑：吴　红　高　君　　责任监印：刘志颖

出版发行：中国轻工业出版社（北京东长安街6号，邮编：100740）
印　　刷：中国电影出版社印刷厂
经　　销：各地新华书店
版　　次：2021年11月第1版第7次印刷
开　　本：787×1092　1/16　印张：14
字　　数：109千字
印　　数：20001—23000
书　　号：ISBN 978-7-5019-9323-9　定价：56.00元

读者热线：010-65181109，65262933
发行电话：010-85119832　传真：010-85113293
网　　址：http://www.chlip.com.cn　http://www.wqedu.com
电子信箱：1012305542@qq.com

如发现图书残缺请与我社联系调换
121293Y1X101ZBW

本书编者

主编：罗 梅　赵福云

编委：曹秀玲　郭 红　郭莉萍　郝 秀　胡海宁
　　　刘金英　刘英辉　宋 玲　邢 涛　殷 平
　　　于玲玲　张 颖　张彩霞　赵爱丽　邹丽芳
　　　朱英芳　武晓蕾

前　言

美术是孩子的第二种语言，是孩子用心灵和世界对话的一种方式。在幼儿阶段，没有一种形式比美术活动更能够给孩子直接的滋养，也没有一种形式比美术活动更能够让孩子畅快地表达心声。因此，美术教育对于儿童的生命成长具有弥足珍贵的意义。

《幼儿园教育指导纲要（试行）》（以下简称《纲要》）和《3—6岁儿童学习与发展指南》，均对幼儿园美术教育做了全面具体的阐述，即要求幼儿园通过各种手段，萌发幼儿对美的感受、美的体验，丰富幼儿对美的想象、美的创造，引导幼儿用自己喜欢的方式去表现美、创造美。这也是幼儿园美术教育的核心价值。

《纲要》的基本精神向传统的美术教育提出了挑战，建立了新的美术教育观念，突破了传统的美术教学要求幼儿依葫芦画瓢、禁锢幼儿自主创造的教学樊篱。所以，随着《纲要》新理念的倡导，在幼儿园美术教学领域，最大的变化莫过于以往以技能训练为主的传统教学模式，逐步向以幼儿为本的、塑造幼儿健全人格的方向发展。但是，从幼儿园目前的美术教学现状来看，仍然存在着许多问题，这些问题大致表现为以下三个方面：

第一，作品的成人化现象依然较为严重。教师总是以成人的眼光和标准要求孩子，借孩子的"笔"来画出成人想要说的"话"，从而忽略了孩子的内心感受，违背孩子的自然天性。

第二，以临摹为主的日常教学依然盛行。教师把临摹教学当成培养孩子的最终目的，把美术教学的重点放在技能上，以画的"像"与"不像"作为评价儿童作品的标准，导致儿童的作品缺乏童真稚趣。

前 言

第三，缺乏整合的孤立的美术。美术内容缺乏与生活、社会的联系，缺乏与课程主题及其他学科的有机融合；美术材料的运用比较单一，缺乏创新，不注重对生活中材料功能的挖掘，对材料的价值认识不足，使材料不能很好地为幼儿服务，导致美术活动不能成为丰富孩子生命感知的"喷射口"。

基于以上思考，我园从2006年起，开始了对幼儿园美术教学的实践与探索。7年来，我们一直坚持不懈地行走在儿童美术的道路上，边学习、边实践、边思考，在《纲要》"艺术领域"目标的指引下，确定了"创意美术"的行动路径，即通过对内容的适宜选择、材料的创意运用、教学方法的大胆探索、表现形式的多维度尝试，从而努力探索回归儿童本真的美术教学课程体系。

历经7年的实践与思考，目前我们幼儿园已初步构筑起了以幼儿发展为本的、归于童心的幼儿园创意美术课程框架。期间，我们还完成了创意美术省级课题的实践研究，2012年又申报立项了中国学前教育研究会"十二五"课题《儿童绘本在幼儿园美术教学活动中应用的实践研究》。

纵观这7年的行动历程，是教师们扎扎实实、潜心钻研的历程，是教师和孩子一起学习、一起成长的历程。在这个过程中，有观念的撞击，有矛盾和冲突，有问题和困惑，但更多的是欣喜和收获。一路走下来，我们积累了大量来自于实际教学的生动案例和洋溢着童真稚趣的儿童作品，积累了大量有价值的教研资料和教学反思。每一个教学活动的创意及形成，都渗透着教师们潜心钻研的心血，每一幅作品中稚拙斑斓的想象，都能让人触摸到孩子丰富的内心世界。是孩子们激励着我们一次次攻克难题，也是孩子们让我们在童心世界里行走得更加痴迷与执着。

抱着交流、分享的愿望，一直以来，我们总想把教师们点点滴滴的感悟和做法编写出来，而且随着创意美术开展的深入，这样的愿望越来越强烈。终于，在2012年的春季，在山东女子学院董旭花教授的悉心指导和鼎力帮助下，我们得以有机会与中国轻工业出版社万千教育编辑部的高君老师相识，才有了将浅显的做法化为文字的信心。几经董教授和高君老师的指导，我们选取了一部分典型课例编辑出版，期待对同行能有一定的启示亦或借鉴的价值，更期待得到专家同行的批评指正。

本书从美术教学的角度，以案例的形式贯通全文，呈现给大家一组富有创意、操作性强且透着童真稚趣的教学活动。为了更加清晰明了，全书内容分为四个部

分，即内容选择、材料运用、教学方法、表现形式。为了让读者更直观地了解每一个课例的来源，每一个部分先引入经验分享，然后是教学课例的完整描述，配以作品说明、教学思考，辅以相关的知识链接，使每个块面完整而系统。概括来讲，这四个部分的核心主旨即是，内容的选择让美术活动更加广延丰富，材料的挖掘让一切皆可美术，方法的创新让美术更加童趣盎然，形式的尝试让孩子的心灵自由放歌。这是教师们7年行动研究的结晶，是教师们把握并追随孩子学习兴趣的体现，是尊重、欣赏孩子行为的观念提升，更是鲜活、赤诚的研究之心的凝聚。也正是教师们对幼儿教育执着地追求、不懈地钻研精神，才打造成这样一个超级的教师群体。

　　在这里，我们由衷地感谢山东女子学院的董旭花教授，她的鼓励、指导，给予了我们把研究成果编写出来的信心；还要特别感谢上海儿童美术教育专家薛文彪老师，他多年的引领、培训、指导，给予了我们在儿童创意美术道路上行走的力量。此外，我们还要感谢我们幼儿园一线的教师团队，正是因为他们用心的付出，才有了大量原创的课例雏形和不断完善的实践经验；还要感谢幼教界的诸位领导、专家及同行，他们的支持、肯定及认可，给予了我们持续开展创意美术的动力。同时，我们更应该感谢幼儿园的孩子们，是他们给了我们创意的灵感、坚定了我们勇于探索的信念。

　　由于认识水平、理论水平、写作水平有限，许多地方有待于进一步探讨，许多内容不能恰如其分地描述，很多观点需要进一步地学习提升，书中肯定存在很多问题，不当的地方，敬请专家、同行批评指正。

罗梅

2013年2月26日

目 录

第一章 内容选择创意——让美术不再孤独 ··············· 1

经验分享1 立足主题，注重联系与整合 ··············· 2

案例呈现1 ··············· 4
  中班：落叶下面有什么 ··············· 4
  大班：海底世界 ··············· 9

经验分享2 贴近生活，关注情感与经验 ··············· 12

案例呈现2 ··············· 15
  小班：回家的路上 ··············· 15
  中班：我爸爸 ··············· 17
  大班：大眼睛的白杨树 ··············· 19

经验分享3 走进大师，聚焦审美与欣赏 ··············· 22

案例呈现3 ··············· 24
  小班：捉迷藏的变色龙 ··············· 24
  大班：藏在名画里的猫 ··············· 28

经验分享4 源于本土，体现文化与特色 ··············· 32

案例呈现4 ··············· 34
  中班：坛坛罐罐 ··············· 34
  大班：淄博地图借形想象 ··············· 37
  大班：我喜欢的聊斋人物 ··············· 40

第二章 造型材料创意——让一切皆能美术 ··············· 43

经验分享 一切材料皆能美术 ··············· 44

案例呈现 1　纸的创新用 ·· 47
　　好玩的折纸画 ·· 47
　　克隆人 ··· 48

案例呈现 2　笔的创新用 ·· 49
　　记号笔玩魔术 ·· 49
　　油画棒本领大 ·· 50

案例呈现 3　蔬果拓印 ··· 52
　　牡丹图 ··· 52

案例呈现 4　玩具总动员 ·· 54
　　小汽车也能画画 ·· 54

案例呈现 5　厨房交响曲 ·· 56
　　玩不够的面粉画 ·· 56
　　小厨师的酱油画 ·· 57

案例呈现 6　环保小卫士 ·· 58
　　我用腻子玩抽象 ·· 58
　　瓶子的故事 ··· 59
　　鞋子的魔术 ··· 61
　　好玩的瓷板画 ·· 63
　　好吃的蛋糕 ··· 65

案例呈现 7　水墨变奏曲 ·· 66
　　抓住"游泳"的墨 ·· 66
　　畅快泼墨 ·· 68

案例呈现 8　儿童版画 ··· 69
　　我是版画高手 ·· 69

案例呈现 9　雕塑艺术 ··· 71
　　恐龙时代 ·· 71
　　玩泥巴 ··· 73
　　茗帚 DIY ·· 74

第三章　教学方法创意——让美术童趣盎然 ···································· 77
经验分享 1　情境，情趣激童趣 ·· 78

目 录

案例呈现 1 81
    小班：我爱洗澡 81
    小班：西北风 83
    小班：云朵面包 86
    中班：等等，等等 89
    中班：桃树下的小白兔 92
    大班：母鸡萝丝去散步 95
    大班：踏青 99

经验分享 2　技能，授鱼变授渔 102

案例呈现 2 105
    小班：好吃的冰激凌 105
    小班：春游去 108
    小班：热带鱼 111
    中班：蚂蚁和西瓜 114
    中班：水彩鱼 117
    大班：拓墨借形想象 120

经验分享 3　指导，潜心释童心 123

案例呈现 3 127
    小班：一根刺的小刺猬 127
    小班：圣诞老爷爷 130
    中班：快乐一家人 133
    中班：焰火晚会 136
    大班：图腾柱 138
    大班：我的自画像 141

经验分享 4　讲评，童眼看童画 145

案例呈现 4 148
    小班：方格子老虎 148
    小班：小鸟 151
    中班：人体秀 154
    大班水墨画：运动的人 157

幼儿园美术活动创意设计

　　大班：特别的我 ································ 160

第四章　借形想象创意——让童心自由放歌 ············ 165
　经验分享　给孩子一个想象的支点 ···················· 166
　案例呈现 1　点的创造 ······························ 168
　　小班：盖盖真好玩 ································ 168
　　小班：我的身份证 ································ 169
　案例呈现 2　线的思考 ······························ 172
　　中班：牵着线条去散步 ···························· 172
　　大班：元旦的畅想 ································ 174
　　大班：名字的故事 ································ 177
　案例呈现 3　面的想象 ······························ 180
　　中班：小水滴奇遇记 ······························ 180
　案例呈现 4　形的创意 ······························ 183
　　中班：圆形变变变 ································ 183
　　中班：汉堡爷爷 ·································· 185
　　大班：眼镜 ······································ 186
　　大班：摄像机 ···································· 189
　　大班：沙发底下藏着什么 ·························· 192
　案例呈现 5　体的变幻 ······························ 195
　　小班：土豆变变变 ································ 195
　　大班：陶泥畅想 ·································· 198
　案例呈现 6　意的畅想 ······························ 200
　　中班：氧气精灵 ·································· 200
　　中班：给天使一对翅膀 ···························· 202
　　大班：青霉素和感冒病菌 ·························· 205
　　大班：汉堡男孩奇遇记 ···························· 209
　　大班：别让鸽子太晚睡 ···························· 212

第一章

内容选择创意——让美术不再孤独

内容是创意的源泉。幼儿园在美术教育内容的选择上，应顺应儿童的发展规律，立足课程主题，源于社会生活，融入本土文化，选用与幼儿生命律动合拍的内容，将幼儿的情感、思维、想象和创造元素融入到美术教育中，让美术活动成为丰富幼儿生命感知的"喷射口"，最终实现幼儿健全人格的塑造。

经验分享 1

立足主题,注重联系与整合

提及幼儿园美术教育,很多教师往往会站在美术学科的立场上去看待它,将它从主题课程中孤立出来,切断它与主题的有机联系,使美术活动成为枯燥的、缺乏创造与想象的、单一的学科活动,导致教学出现拼凑、单一的现象。

镜头一

教师:"这一周的主题是'美丽的秋天',今天的美术活动小朋友就画树叶吧!"

镜头二

教师:"这一周的主题是'科学放大镜',与美术活动没有什么好联系的,小朋友就来画老虎吧!"

镜头一中教师虽然把"画树叶"的活动放在了"美丽的秋天"的主题背景之下,但在主题开展之初,幼儿缺少对树叶的认知经验和情感体验,仅仅为画树叶而画树叶,在这样的状况下,美术活动成为单纯的形象描绘而从主题课程中孤立出来。镜头二中的美术活动没有主题背景的铺垫,也没有科学观察的支撑,更没有社会生活的体验,只有短时间内一点点形象的启发,这样的活动是孤独的美术活动,是没有生命力的美术活动。

如何立足主题,将幼儿的情感、思维、想象和创造元素融入到美术教育中,让美术活动真正成为丰富幼儿生命感知的"喷射口"呢?

1. 幼儿获得的丰富经验是美术活动的支撑

幼儿在主题活动中获得的生活认知、情感体验,以及在主题区域中积累的基础技能,往往成为美术活动"厚积薄发"的力量,使幼儿随后的美术创作内容丰富、情感饱满、形象灵动。因此,在很多情况下,教师可以把美术活动安排在主题课程的中、后段,让幼儿在主题活动中获得的经验成为美术活动的支撑。

比如:在"我就是我"的主题中,通过"我喜欢我"、"我的本领大"、"不一样的我"、"我很特别"等一系列教学活动的开展,幼儿对"我"有了立体丰富的认识,做好了认知经验方面的准备;"闪亮星空"、"我是主角才艺秀"的主题互动墙饰,

第一章 内容选择创意——让美术不再孤独

激发了孩子美好的愿望,为美术活动的开展做好了情感表达方面的准备;美术区域活动中,"梦想档案"、"神奇的版画"等活动,为美术活动的开展做好了技能方面的铺垫。在丰富的认知、情感、技能等多方位的准备之下,版画活动"特别的我"呼之欲出,幼儿最后呈现的作品富有个性、充满童趣、生动流畅(见图1.1、图1.2)。

我的头发像喷泉,只要一歪头,小花就可以喝到水了,负责浇花的值日生工作就是我的了!

图 1.1

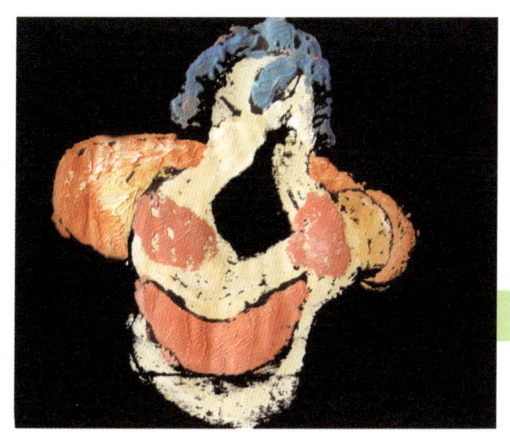

我是潜水能手,我的嘴巴很大很大,可以吸进很多氧气,游泳教练表扬我最多。

图 1.2

2. 美术活动是主题课程的助推器

主题课程与主题背景下的美术活动是互为补充、相互联系的。一方面,主题课程是美术活动的"亲友团",为美术活动提供支撑和帮助。这时候,教师应把美术活动安排在主题课程的中、后段。另一方面,美术活动又可以通过"走亲访友"增进亲朋之间的联系。这时候,美术活动就有可能成为主题课程的导入,成为主题课程的助推器。

同样,在"我就是我"这个主题中,怎样让幼儿去关注那些曾经感动过自己的英雄,从他们那里汲取成长所需的营养呢?临摹画《我心中的英雄》这一内容的选择，就成为课程开展的需要。教师把幼儿临摹的英雄形象张贴在主题墙上，然后引导他们讨论：应该学习英雄的哪些优秀品质？一段时间后，不仅主题墙上的画面内容丰富了，而且孩子们的社会行为也在发生着变化——能和同伴友好相处，懂得帮助别人，能主动照顾生病的同伴，知道自己的事情自己做……

在这里，"画英雄人物"这一内容的选择，不仅包含了"画画"本身的目标，更激发了孩子们向英雄学习的动机，提高了孩子们对于"什么是英雄"的思想认识，并且延伸出一系列有关幼儿向英雄学习的社会行为。绘画活动和社会教育的巧妙整合，推动了主题课程的开展，也体现了"塑造幼儿健全人格"的目标追求。

案例呈现 1

中班：落叶下面有什么

设计意图 >>>

在"我爱秋天"的主题活动中，怎样把握介入主题的契机呢？树叶变黄落下，不仅是秋天来临的信息，更是孩子们生活中最先关注到的现象。他们竞相去捡拾树叶，讨论着树叶不一样的颜色。由此，一次关于玩色拓印的美术活动成为这一主题的起始。孩子可以将秋天的颜色细细地涂抹到树叶表面，慢慢地拓印到纸上。

树叶下面有什么呢？美术活动引发了幼儿对昆虫观察、探究的兴趣。孩子们放下手中的树叶，到社区、公园去观察秋虫。他们轻轻地翻开树叶，仔细地寻找着，有唱歌的蟋蟀、多足蜈蚣、轻轻一碰就团起来的西瓜虫……好不热闹！为什么这些昆虫会藏在树叶下面呢？它们在树叶下面干什么呢？一系列的科学探索活动由此展开了。

在幼儿对秋虫有了足够的知识经验积累之后，绘画活动又成为顺其自然的活动。落叶下面有什么？找到答案后，别忘了把它画出来。

美术活动一：给树叶拍照

活动目标 >>>

(1) 尝试用拓印、遮挡的方法表现秋天的树叶。

第一章　内容选择创意——让美术不再孤独

(2) 感知秋天的色彩，体验秋色之美。

活动准备 >>

1开大纸竖裁为2张，连接成长条；各种形状的树叶若干；黄、橙、红、绿、等水粉颜色；毛笔若干。

活动过程 >>

1. 和幼儿一起捡拾各种树叶带回教室

师："秋天到了，树叶也变颜色了，让我们到室外捡拾各种颜色、各种形状的树叶吧！"

2. 引导幼儿观察树叶的颜色，感知秋色的美丽

师："树叶都有什么样的颜色呢？请小朋友把自己手上树叶的颜色告诉大家吧。"

3. 给树叶拍照

引导幼儿以带树叶去秋游给树叶拍照为题，用黄、橙、红、绿等颜色拓印树叶。

(1) 提问："怎样给树叶拍照呢？"引导幼儿尝试各种不同的拍照方式。

(2) 教师讲解示范。

①指导幼儿大胆选色并用毛笔给树叶涂色："小毛笔是秋婆婆，她要给小树叶穿上秋天的衣服——一件黄色的连衣裙，还要给它戴上一条红围巾。小树叶看起来可真漂亮。"

②引导幼儿拓色："给树叶留个影当做纪念吧！把它们轻轻地放在纸上躺下来，然后压一压、按一按，树叶美丽的身影就留下来了。"

③示范部分遮挡的拓印方法："小树叶的好朋友纷纷跑来了，大家都想留个影。于是，你在后，侧侧身，他在前，靠靠紧，亲亲热热合个影。"

(3) 幼儿创作，教师指导。

①师："你喜欢小树叶穿什么颜色的衣服呢？"鼓励幼儿大胆选色、涂色。

②师："和好朋友一起拍照最开心了。你的小树叶找到好朋友了吗？"

4. 讲评欣赏

(1) 幼儿自评。师："你给小树叶穿上了什么颜色的衣服？你是怎么给它拍照的？"

(2) 幼儿互评。师："谁给树叶拍的照片最漂亮？"

5. 拓展延伸

引发新问题:"小树叶去秋游,小虫子和它们玩起了捉迷藏游戏。它们藏到了树叶下面,树叶下面有谁呢?"引导幼儿探索自然界中树叶下面的秘密。

美术活动二:树叶下面有什么

活动目标 >>>

(1)能用遮挡等方法表现叶子下面的昆虫。

(2)大胆利用已有经验讲述叶子下面昆虫的故事。

活动准备 >>>

经验准备:通过观察了解,幼儿对昆虫有一定的认知经验。

材料准备:记号笔或油画棒,拓印好的树叶作品。

活动过程 >>>

1. 以昆虫为话题导入活动

师:"前一段时间,小朋友在研究树叶下面有什么。你们找到答案了吗?说说看。"

2. 呈现用树叶拓印的作品,提出创作内容及要求

师:"离开妈妈的小树叶一点都不孤单,它们找到了很多的昆虫朋友。昆虫和小树叶在做什么呢?请你把它们画出来吧!"

3. 幼儿创作,教师利用故事情境巡回指导

①师:"小昆虫和树叶玩起了捉迷藏。有的小昆虫只露出了头,有的小昆虫只露出了尾巴,不过,我一看就知道它是谁。"

②师:"有的小昆虫从树叶下面爬出来,在树叶中穿来穿去找吃的。"

③师:"太阳出来了,睡了一觉的小昆虫从树叶下面爬到树叶上面来,美美地晒起了太阳。"

4. 欣赏讲评

(1)师:"树叶下面都有什么样的小昆虫?叫什么名字?它们之间发生了什么故事?小朋友讲一讲吧!"

(2)运用故事讲评。将幼儿的表述串起来,组成一个小故事,讲给小朋友听。

第一章 内容选择创意——让美术不再孤独

作品欣赏 >>>

天凉了,小虫子们爬呀爬,赶紧找一片自己喜欢的树叶做被子,嗯,真舒服呀!

图 1.3

一只好饿的毛毛虫藏在下面,瞪大眼睛四处看,要偷偷出来找吃的。

图 1.4

太阳出来了,蜈蚣从树叶下爬出来找吃的,它爬呀爬,走了好长好长的路。

图 1.5

教学思考 >>>

美术,不是孤立的存在

"落叶下面有什么"这个活动,教师最初是以"给落叶拍照"为题纳入到"我爱秋天"的主题中的。但仅仅把拓印的材料调整为树叶就等于融入主题了吗?当然不是。那么,怎样让美术活动更好地立足于主题,推动主题呢?

"树叶下面有什么"这样一个问题让玩色拓印的美术活动变成了主题课程的"引子"。教师和孩子们放下画笔,来到室外,轻轻地翻开树叶,欣喜地探寻着。

"树叶下面有一只黑黑的虫子,长着很多很多的脚,是蜈蚣吗?"

"树叶下面有西瓜虫,你一碰它,它就蜷起来,像个圆圆的小西瓜。"

"树叶下面湿湿的,还有小水珠,这些小水珠是从哪里来的呢?"

"小虫虫用树叶做被子,躺在下面肯定很暖和。"

"你们知道吗,这个硬硬的壳是小螳螂的家,明年春天,这里面就会爬出很多小螳螂。"

"这片叶子上有很多小球球,里面住着昆虫还是昆虫的宝宝呢?"

……

一周过去了,孩子们依然乐此不疲。简单的玩色活动引发了孩子们对秋虫的探究。随后,教师在"我爱秋天"的主题中开展了科学探索活动,引导幼儿对秋虫的观察与发现。待孩子们收获满满之时,教师又拿出之前用树叶拓印的作品,以"树叶下面有什么"为题,引导幼儿继续原来的创作,通过作品表达他们对秋虫的理解。

在这里,教师立足主题,将美术活动和科学活动巧妙地融合在一起,不再让幼儿"为画而画"。由此,我们知道:美术,真的不是孤立的存在!

知识链接 >>>

拓印: 即把一张坚韧的薄纸事先浸湿,再敷在石碑上面,使纸入字口,待纸张干燥后用刷子蘸墨均匀涂抹,然后把纸揭下来,一张黑底白字的拓片就复制完成了,这种复制文字的方法被称为"拓印",也称"拓石"。当然,也可把纸紧覆在物体(如植物的叶子)表面,将其纹理结构打拓在纸上。拓印术的出现,为印刷术的发明提供了方法。

在幼儿园的美术教学中,通常将拓印理解为像盖章一样,借用其他媒介如手、树叶、报纸、玩具等,在纸上印画。

遮挡法: 又叫重叠法,是指前景物体在后景物体之上,利用前面的物体部分遮挡后面的物体来表现空间感的一种方法,是儿童画中常见的一种表现手法。遮挡法的运用,可以在有限的画面内表现更多的内容。

第一章　内容选择创意——让美术不再孤独

大班：海底世界

设计意图 >>

在"奇妙的动物"这一主题的开展中，幼儿对海洋动物产生了浓厚的兴趣，去过海洋馆的幼儿会兴致勃勃地说出各种鱼的名称，有的小朋友还带来了关于海洋动物的图书，研究着各种鱼的本领。为了满足幼儿探索的需求，教师向家长推荐了动画片《海底总动员》，一时间，班里掀起了探究海洋动物的热潮。随着幼儿对海洋动物认识的加深，美术活动"海底世界"应运而生了。

活动目标 >>

(1) 尝试用废旧皮包进行拓印，体验玩色的乐趣，萌发对美术活动的喜爱。

(2) 借助色块大胆想象、添画，合作表现海底世界的动物，能清楚完整地表达自己的感受和想法。

重难点 >>

幼儿能够借助皮包拓印出来的色块进行创意想象。

活动准备 >>

经验准备：幼儿认识各种海洋动物，熟悉其外形特点并能了解其习性。

材料准备：各种废旧皮包；水粉颜料若干；大托盘、蓝色的大纸、调色盒等。

活动过程 >>

1. 故事导入

利用《海底总动员》的故事情节引发幼儿的兴趣，介绍皮包作画。

师："《海底总动员》中的小丑鱼尼莫背着书包上学了，它跟着老师在海洋学校玩得可开心了。今天，我们就用这些废旧的包和尼莫来做个游戏。"

2. 玩色拓印

(1) 教师示范，借助情境鼓励幼儿大胆玩色，体现色彩的疏密、层次。

①师："小书包不小心躺到了颜色盘里，全身粘满了颜色。可是它很调皮，接着跑到纸上，留下一个彩色的影子。"

②师："粘满颜色的小书包真调皮，它身体的一部分跑到纸的外面去了。"

③师："两个好朋友（皮包）见面高兴地抱在一起，结果一个好朋友的影子挡住

了另一个好朋友的影子。"

(2)提出要求，引导幼儿进行拓印游戏。

拓印要求：挑选自己喜欢的颜料盘，将皮包轻轻地放进去，压一压、按一按，然后双手端起小皮包，快速地放到纸上，再压一压、按一按。

3．借形想象

(1)引导幼儿观察皮包拓印的色块，鼓励他们大胆想象各种海底动物的形象。

①师："调皮的小书包带我们来到了美丽的海底世界。来，让我们去找一找尼莫和它的海洋朋友在哪里呢？"

②师："从这边看不到海洋动物，你可以换个角度去找一找。"

(2)教师示范添画，重点强调眼睛的画法。

①师："老师发现这些色块里面还藏了很多小动物呢，看，这块像什么？从老师这里看上去，特别像一只大鲸鱼。"

②师："大鲸鱼的眼睛在哪里？找到小动物后，一定要先画上大大的眼睛，大鲸鱼的眼睛可亮了，特别有神！"

(3)幼儿想象添画，教师巡回指导。

①师："你还会画什么眼睛？把它画出来。"

②师："一时找不到小动物，你可以把大片区域连起来看，或者换个方向看，也可以几个小朋友合作绘画。"

4．欣赏讲评

(1)幼儿互相讲述自己的创作，欣赏画面。（见图1.6）

师："你找到了什么海洋朋友，你和它做什么了？"

(2)教师总结幼儿的表述，编成好听的故事讲给幼儿听，结束活动。

第一章　内容选择创意——让美术不再孤独

作品欣赏 >>>

幼儿A：这是大白鲸，它的肚子饿了，张着大嘴巴找东西吃。
幼儿B：我画的是好多红色的小丑鱼，穿着横条条衣服的是小丑鱼宝宝，后面长了胡子的是小丑鱼的爸爸，前面的是妈妈，它们一家人要出去玩。
幼儿C：这是刺豚（右上角绿色图案），它剪头发了，很短很短，再也不刺人了。
幼儿D：大海龟（左上角黄色图案）出来找朋友，碰到了大龙王（左边白色图案），大龙王保护大海里的动物。
幼儿E：这是我画的安康鱼（右边白色图案），它亮着灯让好朋友快点找到东西吃。

图1.6

教学思考 >>>

教有准备的美术

在创意美术教学中，教师不仅需要选择一个内容，更要确定它在主题课程中开展的时机，以下两位执教教师就这一问题分别做了实践反思。

教师甲："这个活动非常有新意，容易引发孩子的兴趣。当教研小组设计出这个活动后，我第一个在班内进行了尝试。活动前，我做了精心的准备，包括颜料的选用、纸张的大小、皮包怎样使用等。孩子们对这个内容是非常感兴趣的，但遗憾的是，孩子们的创意想象不够丰富，除了鱼之外，他们很少有其他可表现的海洋动物，与我预设的效果有些差距。"

教师乙："这个活动的关键点和重点，是怎样帮助孩子从拓印的色块联想到海洋动物的形状。要实现这一联想，孩子需要对海洋动物有非常深刻的认识。因此，在设计了这个活动后，我没有急于执教，而是让孩子们充分地进行'经验的准备'，让他们在集体教学活动中和区域活动中充分地认识海洋动物。因为有了这些经验，孩子们不仅创作出了各种形象生动的动物，也表达出了发生在动物之间的有趣的故事，活动效果超过了绘画本身。"

从以上两位教师的反思中，我们可以看出，美术活动的准备，不仅仅是作画材料的准备，还包括经验的准备。当幼儿借助主题课程的开展，经过了丰富的体验后，他们进行创作时就如同酝酿了很久的火山终于等到了喷发的一刻，将思如泉涌、童心盎然。

经验分享 2

贴近生活，关注情感与经验

艺术来源于生活，只有源自生活的艺术才具有永恒的生命力和强烈的感染力。对于幼儿园的孩子来讲，由于受心理和生理发展水平的制约，他们对周围世界的认知不可能凭借抽象的符号和逻辑思维的推导，而是依赖于他们的生活经验和兴趣。因此，幼儿园的美术教育离不开幼儿的生活。教师应选择与幼儿生命律动合拍的内容，唤起幼儿的联想，催生幼儿的创作动机，让幼儿在创意美术中童真灵动、创意飞扬。

1. 身边的人是幼儿创作的主要元素

孩子一出生，就与爸爸、妈妈、爷爷、奶奶等建立了最亲密的联系，熟悉的人成为孩子生命之初对世界最深刻的印象。因此，从两三岁开始，孩子就会用不规则的圆表示人物。随着对世界认知的不断丰富，他们笔下的人物形象也从简单的"头部人像"慢慢地演变为"头足人像"、"穿衣人像"等。所以，画人，应成为学前阶段孩子创作的主要内容。

小班幼儿画人，常常以简单的圆形来表示，随着幼儿四肢运动能力的增强，他们在画人时又在圆形的基础上增添了单线条的腿和胳膊。这样的人物形象像极了蝌蚪的成长过程，这也是我们为什么把幼儿所画的人物称之为"蝌蚪人"的原因。

奶奶是孩子生活中最亲近的人之一。小班幼儿笔下的奶奶虽然寥寥数笔，却因为丰富的情感和鲜活的生活使画面格外传神和生动。右图是小班上学期一名幼儿创作的《我和奶奶割韭菜》的画面（见图1.7），简单几个圆就勾勒出了戴老花镜的奶奶的形象，这种自然天成且高度抽象的人物画，是成人也难以企及和模拟的。

第一章　内容选择创意——让美术不再孤独

随着幼儿年龄的增长，他们对人物刻画得越来越细腻生动，但常常会忘记一些细节，比如忘记耳朵、眉毛等。教师在细致的观察中发现，这种对细节的忘记与幼儿的生活体验是相关联的。比如图1.8中的人物其表情刻画得非常生动，这是因为孩子刚刚经历了爸爸的批评，对爸爸生气时的样子记忆犹新。有趣的是，孩子并没有画胳膊，教师断定，爸爸在批评孩子时，没有动手打孩子，这一点也在与幼儿的交流中得到了验证。可见，深刻的生活体验，可以让幼儿的创作更加生动传神。

我和奶奶去割韭菜，奶奶还戴了老花镜。

图1.7

2. 身边的事是幼儿创作中必不可缺的内容

对于发生在身边的事，幼儿可能不会说，但能画出来。因此，孩子在生活中体验深刻的事情，就会成为其创作的内容。比如和妈妈逛商店的经历、和爸爸玩骑大马游戏、幼儿园里一件好玩的事情、第一次离开妈妈的感受等，都会成为孩子们喜欢的创作内容。图1.9是幼儿经历了拍毕业照这样一件事情之后，合作创作的《毕业照》。仔细观察这幅作品，你将会惊喜地发现人物形象与现实之间的有趣联系。

我玩电脑游戏，爸爸生气了，狠狠地批评我。

图1.8

3. 大自然中蕴涵着无数可供幼儿创作的资源

大自然的美无处不在，潺潺的小溪、茂密的森林、绽放的花朵、飞舞的蝴蝶……这一切带给孩子无限美丽的遐想和心灵的感动。只有让孩子具备一双发现美的眼睛，才能让他们感受美、表现美、创造美。教师应

拍毕业照时，我站在最边上（左下角），我想挤到里边去。

图1.9

多带孩子走进社区、走进大自然，让孩子们感受温暖的阳光、新鲜的空气，感受万物的勃勃生机和生活中的美，然后引导他们把这种细腻的、真切的、诗意的感受表达出来。此时，孩子们远离了传统美术中临摹的桎梏，作品有了灵气和生命。

比如，当孩子有了春游的体验之后，他们创作的《春游图》会让人有身临其境的感觉（见图1.10、图1.11）。

公园里有个大大的湖，像镜子一样，能照出小桥的影子。

图 1.10

我们跑到凉亭里，大声地喊远处的小朋友。

图 1.11

美籍德国心理学家阿恩海姆认为："在发育的最初阶段，心灵的主要特征就是对感性经验的全部依赖，对于那些幼小的心灵来说，事物就是他们看到的、听到的、接触到或是闻到的那个样子。"由此，教师在选择绘画素材时要充分重视幼儿的兴趣和需要，关注幼儿的现实生活，敏锐地捕捉孩子们的兴趣点，及时生成新的美术教育活动，从而让幼儿不自觉地迸发出"动之以情、感之于心、思之于形、联之于境、赋之于美"的艺术情感。

第一章 内容选择创意——让美术不再孤独

案例呈现 2

小班：回家的路上

设计意图 >>>

选择身边的事作为幼儿美术创作的内容，可以让孩子有"话"可说。小班幼儿离园后和爸爸妈妈一起回家，是他们生活中最开心的一件事。走过公园会令他们想起星期天在公园尽情玩耍的情景；他们同样会期待走过游乐场，哪怕只是荡个秋千、打个滑梯……因此，回家的路线对于他们来说有着特别深刻的体验和记忆。由此，将"有控制地画线条"这一技能目标融入活动中，引导幼儿画出发生在回家路上的事儿，就成为小班美术教育活动的必修内容。

活动目标 >>>

(1) 感受与家人一起回家的温馨和快乐，激发爱家人的美好情感。

(2) 尝试大胆、有控制地画线条，体验边画边说的乐趣。

重难点 >>>

能够大胆、有控制地画线条，并说清楚内心的感受。

活动准备 >>>

经验准备：幼儿熟悉回家的路线，知道路上的标志性建筑。

材料准备：A4彩纸、记号笔。

活动过程 >>>

1. 谈话导入

(1) 师："哪个宝宝知道从幼儿园回家的路？"（幼儿回答）

(2) 师："路上有什么好玩的地方吗？说说看。"（幼儿回答）

2. 画画说说

(1) 小画笔放学了。

借助小画笔放学回家的情境，教师巧妙地示范，帮助幼儿了解画线条的方法。

指导要点：小画笔放学了，高高兴兴往家跑，见到大树打招呼，走到公园拐个弯，跑到游乐场转一转，跑跑跳跳到家了。

(2) 小朋友回家了。

师:"今天我们也来画画回家的路,说说看,回家的路上会发生什么有趣的事情呢?"

指导要点:回家的时候,小朋友们要一直走,慢慢走,贪玩不回家妈妈可要着急了。

3. 交流与分享

(1) 把幼儿的作品布置成展板"回家的路",鼓励幼儿欣赏同伴的作品。

(2) 引导幼儿彼此间说一说:回家的路上,都经过哪里了?发生什么有趣的事情了?

作品欣赏 >>>

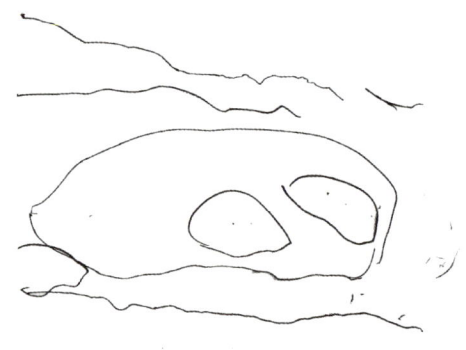

我和妈妈转了一圈,又回到家里了。

图 1.12

每次到小花园那里,妈妈都答应我转三圈再回家。

图 1.13

教学思考 >>>

真实的体验让事儿跃然纸上

任何美术活动都不是天马行空的想象,都需要幼儿在真实体验的基础上进行加工创造。

离园回家对于小班上学期的孩子来说是一种美好的期待,走在回家的路上,孩子们会特别关注身边的事物,哪怕是微小的变化也不会放过。带着这种美好的情绪投入创作,尽管只是简简单单的几条线、几个圆,尽管线条不是那么流畅,语言的表达也很简单,但是透过作品,我们能感觉到孩子们隐藏在内心深处的对

第一章 内容选择创意——让美术不再孤独

家人的那份依恋和爱,这更能触动我们的心灵。

图1.12中,幼儿用一个大大的圆代表"家",用两个小圆表示"妈妈"和"我"。从这幅图中,我们不仅能了解到3岁幼儿爱用圆形表示归属和所有的绘画特征,也读出了幼儿内心深处对家的依恋。

有很多家长往往不太理解孩子的涂鸦,以为是毫无意义、毫无章法的。当教师拿着幼儿的作品(见图1.13)与幼儿的妈妈交流时,幼儿的妈妈兴奋地说:"每次从幼儿园回家,她都要在小花园那里转上三圈,你看,她真的画了三圈,老师要不和我说,我还以为她又乱画呢!"可见,真实的体验让教师、家长与孩子心心相通。

中班:我爸爸

设计意图 >>>

每个孩子眼中的爸爸都是不一样的,有时爸爸是玩伴,是孩子可以骑的大马;有时是盾牌,保护孩子不受伤害;有时是堵墙,让孩子的请求总是那么难以逾越;有时有点坏,抽烟、喝酒、睡懒觉,怎么说都不听……孩子们说起爸爸,总会有不一样的故事。绘本《我爸爸》描绘了孩子对于爸爸的热爱和崇拜,更引发了孩子无限的来自爸爸的故事。于是,教师决定让孩子带着对爸爸的爱画爸爸。

活动目标 >>>

(1)运用棉签、水粉表现出爸爸的形象及故事。
(2)乐于与同伴交流分享自己的作品。
(3)萌发对爸爸的崇敬热爱之情。

重难点 >>>

运用棉签、水粉表现出爸爸的形象及有趣的故事。

活动准备 >>>

经验准备:幼儿阅读过绘本《我爸爸》,再次了解爸爸的职业、喜好,回忆与爸爸在一起的几件有趣的事。

材料准备:爸爸的照片,黄色卡纸,各色水粉,调色盘、棉签若干。

活动过程

1. 绘本导入，谈爸爸

师："有一位叫安东尼·布朗的画家很爱他的爸爸，就画了一本叫《我爸爸》的绘本。小朋友都已经读过了，也了解了安东尼和他爸爸的故事，那你们和爸爸之间又有什么快乐、有趣的事情呢？"

2. 大胆想象，画爸爸

(1) 师："爸爸带给我们很多快乐！把你和爸爸之间发生的快乐的事情画出来吧！"

(2) 提出作画要求：

①爸爸是男子汉，要把爸爸画得顶天立地，很高大。

②要画出爸爸的样子：发型、眼睛、胡子等。

(3) 幼儿作画，教师指导。

①爸爸的哪些地方让你感觉他像男子汉，别忘了把它们画出来。

②要把爸爸最帅的样子和做过的最有趣的事情画出来。

3. 畅所欲言，爱爸爸

(1) 幼儿相互夸爸爸：谁来夸夸自己的爸爸？

(2) 请幼儿回家进行爱的表达：给爸爸送上一个大大的拥抱，说一句甜甜的话，为爸爸做一件事情。

作品欣赏

这是我爸爸，爸爸戴墨镜的样子可帅了，就是老用胡子扎我。

图 1.14

我爸爸可有劲了，他的胸膛上长满了肌肉，什么坏人都不怕。

图 1.15

第一章　内容选择创意——让美术不再孤独

教学思考 >>
人是孩子眼中最早出现的最美的画

　　在成人的绘画学习序列中，人物画因其难度较高，往往处在学习的后段。幼儿画人物，却与成人大不相同。

　　处在涂鸦期的幼儿，尽管其绘画发展水平还很低，但他们也表现出浓浓的"画人"的欲望。即使是一个不规则的圆，孩子也会命名为妈妈、爸爸、奶奶、爷爷……随着其绘画能力的发展，属于幼儿的人物画会越来越多。先是"蝌蚪人"、单线条的人，然后这些人会穿上衣服变成双线条的人。因此，从这个角度说，画人物是幼儿园美术教学中应该尽早设置的内容。

　　画人，是需要情感支撑的。为了让幼儿体会到爸爸的伟大，教师在一系列"爱爸爸"的活动中引导幼儿体谅爸爸工作的辛苦，询问爸爸的兴趣爱好，观察爸爸的外貌特征，让幼儿感受到爸爸对自己的爱，使幼儿从情感上对爸爸更加依恋、更加亲近。尽管孩子笔下的人物刻画得不够精细形象，但由于加入了孩子自己的情感体验，作品表达得更加个性、灵动。

　　所以说，人，是孩子眼中最早出现的最美的画。

大班：大眼睛的白杨树

设计意图 >>
　　走进大自然的美术活动，不仅可以提高幼儿创作的兴趣，更可以让幼儿在自然中充分享受美、感受美。白杨树是孩子生活中最常见的植物，借助白杨树上的"眼睛"带给孩子的触动，带领孩子进行回归自然的创作，是教师实施美术教学活动上佳的内容选择。

活动目标 >>
　　(1)尝试写生，学习用躲藏的办法添加被遮挡的各种人物。
　　(2)感受和体验大自然的美。

重难点 >>
　　观察白杨树的外形特征，用自己的方式进行写生。

活动准备 >>>

经验准备：带幼儿到院内杨树林观察、游戏。

材料准备：4开（8开、16开）彩色纸或白纸，记号笔、油画棒、画夹。

活动过程 >>>

1. 观察白杨树，实际感知白杨树高大、挺拔的特点

(1)看一看：引导幼儿观察白杨树的树干和树叶，重点观察树干上的"大眼睛"。

(2)用抱一抱、摸一摸、在大树后躲起来的方法让孩子进一步感知白杨树的特征，增进孩子的快乐体验。

2. 用自己喜欢的方式写生，画出白杨树

指导要点：画出白杨树的高大、挺拔，试着把所看到的细节画出来。

3. 添加想象

(1)讨论想象："大眼睛"会看到什么呢？引导幼儿大胆想象，比如："看到小朋友在玩耍"、"小蚂蚁在搬家"等。

(2)借助"躲猫猫"游戏情境，引导幼儿学习用躲藏的办法表现遮挡关系，鼓励幼儿添画想象的人物。

4. 交流与分享

师："说说你画的白杨树上的'大眼睛'看到什么了？"

作品欣赏 >>>

和白杨树玩捉迷藏最难赢了，它长着那么多"眼睛"，我藏到哪里，它都能找到我。

图 1.16

白杨树看到了外星人开着飞碟来到地球。外星人很高兴，正在跳舞。

图 1.17

第一章　内容选择创意——让美术不再孤独

教学思考 >>>

大自然的美无处不在

法国伟大的教育家卢梭认为,"自然景色的生命,是存在于人的心中的,要理解它,就需要对它有所感受。"所以,走进自然感受生命的生生不息,欣赏大自然原生态的美,是帮助幼儿积淀艺术内涵的最直接的方式。

幼儿走进杨树林,手拉手和白杨树亲切地拥抱;躲在大树后,和白杨树玩"躲猫猫";摸一摸白杨树上的"眼睛",感受白杨树生命的律动……孩子们与白杨树的多次接触、多次感受,使孩子的作品不仅高度凝缩了白杨树高大、挺拔的形象,也饱含了深厚的情感烙印。

教学中,教师适时地提问"白杨树的'大眼睛'会看到什么呢",既赋予白杨树生命的活力,又给了孩子一双洞察世界的眼睛,这从孩子们的绘画作品中就可以看出来(见图1.16、图1.17)。

走出教室,走进自然,孩子们远离了临摹的枷锁,获得的不仅仅是一幅幅美丽的作品,更有对生命的美好体验。

知识链接 >>>

幼儿写生: 写生,就是直接以实物为对象进行描绘的主要方法,是绘画的重要手段之一。幼儿写生,即引导幼儿将立体的物体直接过渡到平面之上的活动,但它不同于成人写生,不受透视学的约束,只是让幼儿把自己对物体空间位置的认识大胆地表现出来。写生能够提高幼儿的观察能力,培养幼儿对美的感受力,开发幼儿的创造潜能,塑造幼儿良好的个性品质。

5岁以前,幼儿的空间知觉大都处于二维水平,因此幼儿主要依赖表象作画。比如:让小、中班幼儿在不同的位置上画同一棵大树,结果所有幼儿画的树几乎相同,即使是背靠大树坐着的幼儿也会画出树干,这说明这一时期的幼儿在写生方面有"所画非所见,所画即所想"的特点。5岁以后,幼儿对三维空间的认识开始萌芽,逐渐可以按照实物的空间位置进行绘画。

经验分享 3

走进大师，聚焦审美与欣赏

美术欣赏教育是丰富幼儿美感经验，培养幼儿审美情感和审美能力最直接的途径。其中，名画作品以其独特的视角、丰富的内涵、鲜明的艺术效果成为很多幼儿园开展美术欣赏活动的首选内容。在名画欣赏过程中，幼儿会充分调动他们的感知、想象、理解、情感等心理因素，对美术作品的形式及其意味进行体验和认识。同时，由于受其心理发展水平的限制，他们的欣赏还处于浅表层次，主要凭借直觉感知某些局部的物象，对非具象的图画往往会从具象的角度进行猜测。他们凭借自己独特的爱好，在色彩对比、形状轮廓、构图、比例等美的要素方面会有所关注，并做出一些简单的判断。

如何让幼儿更好地走进名画欣赏，让天性率真的幼儿与大师亲密接触？如何激发幼儿内心的感受，使他们真正理解艺术作品的内涵，使其审美想象得以充分地诠释和释放呢？基于幼儿的审美特点，教师应从以下几个方面来考虑对艺术作品的选择。

1. 跟随主题教学

每个学期初，幼儿园都会针对幼儿的年龄特点、学习情况、季节特征、节日教育等设计相应的主题活动。这样的主题往往会受到幼儿的关注，使他们保持较高的学习兴趣。因此，教师可以根据主题的发展，设计一些跟随主题走的美术欣赏活动。

比如在"我们的城市"这一主题活动中，教师带领孩子参观了城市鳞次栉比的高楼之后，幼儿对于画楼房有了浓厚的兴趣。顺应幼儿的这一兴趣，教师适时地向幼儿介绍了瑞士裔德国画家保罗·克利的部分作品《快乐的房子》、《房子和屋顶》、《鲁杰恩近郊的公园》等。欣赏完大师的作品后，孩子们设计了自己的楼房，他们让房子手拉手（见图1.18），让房子和自己捉迷藏（见图1.19）。主题背

我的房子手拉手，都是好朋友。
图 1.18

景的铺垫、大师作品的引进,交织成了幼儿艺术审美的舞台。

2. 贴近幼儿生活

根据幼儿的心理特点、年龄特征和审美能力发展的需要,教师还可以选择贴近幼儿生活、易引发幼儿兴趣的内容。只有当美术欣赏活动与幼儿的生活经验相联系时,幼儿才能理解艺术作品的内涵,审美想象才能得以释放。

比如在水果丰收的季节,教师可以带领幼儿来到水果铺,观察铺子里摆放的各色水果,了解它们的形状和颜色。然后,教师可以呈现法国艺术大师塞尚所画的《苹果和橘子》及其他水果作品,让幼儿与大师"交流"……之后,鼓励孩子进行水果主题的创作。从孩子的创作中,教师或许可以听到孩子与大师的对话。图1.20是大班某个幼儿欣赏名作之后的创作,该幼儿用简单的油画棒,通过刮、抹等手法,表现出了油画作品特有的美。

3. 顺应幼儿的特点

美术名作多如繁星、难以计数,教师必须要学会站在幼儿的视角,对众多的作品进行认真的比较,选择符合幼儿创作能力与水平的佳作。这些作品必须能被幼儿理解和接受,其色彩和形象必须受幼儿欢迎和喜爱,其艺术境界必须对幼儿具有亲和力和感染力,并且便于幼儿在创作活动中表现运用,只有这样的欣赏作品才能够拨动幼儿心灵的琴弦。比如,教师可以从幼儿最敏感的色彩入手,选取西班牙画家胡安·米罗的《红蛋太阳》、荷兰画家梵高的《星月夜》等作品,让孩子感受色彩变化所产生的美和色彩的明暗、

在这幅图里,我找到了12间房子。

图1.19

我爱吃的水果,有菠萝、桔子、樱桃……

图1.20

幼儿园美术活动创意设计

我是小画家米罗,看我画得多棒!
图 1.21

深浅对比,以激起幼儿自己创作的欲望。图1.21是大班幼儿用水墨的形式临摹的米罗的作品,从中我们不难看出,幼儿与大师的作品有着如出一辙的神似。

法国著名雕塑家罗丹说过:"生活中并不缺少美,而是缺少发现美的眼睛。"教师跟随主题教学、贴近幼儿生活、顺应幼儿特点选择名家名作,幼儿在与名家名作充分对话的过程中,感受到艺术的魅力,提升审美能力。

案例呈现 3

小班:捉迷藏的变色龙

设计意图 >>>

在小班开展名画欣赏一直被认为是不太可能的事情。此次教学活动教师本着"尝试"、"突破"的原则,借助绘本《它藏到哪里去了》中幼儿感兴趣的"藏"的情境,以游戏的方式,让小班幼儿在玩玩乐乐中悄无痕迹地与名画产生互动,创设了一种浸润式的名画欣赏办法,让小班幼儿的名画赏析成为可能。

活动目标 >>>

(1)感知变色龙的特性,尝试选择与背景色相同的颜料给变色龙涂色,积累涂色经验。

(2)体验藏藏找找游戏的快乐。

重难点 >>>

有控制地涂色,并能用故事中的语言句式大胆地讲述。

活动准备 >>>

经验准备:师生共同讲述绘本,了解变色龙的变色习性;欣赏梵高名画,感知色彩。

第一章　内容选择创意——让美术不再孤独

材料准备：背景图梵高名画《向日葵》《鸢尾花》和《小树林》；带底板的变色龙人手一份；各色颜料若干；透明的变色龙玩具若干。

活动过程 >>>

1. 绘本导入，激发兴趣

（1）师生共同回忆故事。

师："为什么叫它变色龙？莎莉的变色龙藏到哪里去了？变成了什么颜色？"

（2）游戏"躲猫猫"。

教师出示名画背景，将透明的变色龙移至不同的名画中，观察其颜色的变化，从而引导幼儿感知变色龙的变色特性，激发幼儿帮助变色龙变色的欲望。

2. 变色游戏，体验快乐

（1）选色。

①引导幼儿将变色龙放到名画中，选择和背景色相同的颜料为变色龙涂色。

②教师演示涂色顺序和正确的涂色方法：头部—身体—四脚—尾巴。

（2）变色。

师："选择自己喜欢的背景，挑选与背景色相同的颜料给变色龙涂色。涂色不能留空白，要使变色龙不容易被发现。"

（3）藏变色龙。

师："变好色的变色龙快点藏起来吧，一定要藏好，不要被别人发现啊！"

（4）找变色龙。

①师："你的变色龙藏到哪里了？"鼓励幼儿大胆运用故事中的语言句式讲述。

②师："先找一找哪里藏的变色龙最多？我们一起来数一数。"鼓励幼儿观察并计数。

③师："再找一找哪一条变色龙最容易被发现？"及时发现并解决幼儿的涂色问题。

3. 活动延伸

师："还有很多变色龙等着我们去和它们捉迷藏呢！一会儿，我们到美工区找找去！"

作品欣赏 >>>

我把变色龙藏在了花盆那里，你看见了吗？
这里一共藏了 4 只变色龙，你找到了吗？
图 1.22

变色龙藏到鸢尾花中，变成蓝色的了。
图 1.23

最下面那只变色龙是我藏的，你发现了吗？
图 1.24

教学思考 >>>

融欣赏于无痕的教学之中

在小班的美术欣赏教学中，传统的教学模式显然是不适用的。让小班幼儿浸润于艺术赏析的氛围之中，不断为幼儿呈现名家名作，让他们获得更多的美感体验，是小班名画赏析的关键。本次教学活动就将名画欣赏巧妙地融于游戏之中，实现了无痕教学。

首先，在欣赏故事时，绘本中红、橙、黄、绿、黑、白等不同画面中的颜色，对比明显，让孩子在找找玩玩中欣赏了美。

其次，在创作过程中，教师提供的作为巨幅背景的梵高名画——黄色调的《向日葵》、蓝色调的《鸢尾花》和绿色调的《小树林》，带给孩子强烈的视觉冲击和美感体验。孩子们根据名画背景选择颜色、涂抹，再将作品融于背景中，并用绘本中的语言句式讲述着："变色龙藏到绿色的树林中间，变色龙变成绿色的了！""变色龙藏到黄色的向日葵中间，变色龙变成黄色的了"……当孩子们的作品放进大师作品中的那一刹那，我们不由惊叹孩子们对大师作品的感知与理解，对色彩的敏感与把握（见图1.22、图1.23）。大师的艺术魅力与孩子们的童真灵动巧妙地融为一体！正如意大利儿童教育家蒙台梭利所说："儿童是上帝的密探。"孩子在"藏"的游戏中实现了与大师的对话，通过自身创作体验了美。

最后，在作品展评中，名画背景的提供又给孩子们搭建了一种不同于以往的作品呈现平台，孩子们稚拙的涂色作品融合到大师的名画当中（见图1.24），使孩子有了充分的自信，在快乐中享受了美。

整个活动让孩子们在找找、玩玩、变变、藏藏的游戏中走近大师，在不经意间受到高尚艺术的熏陶，这其中的收获只能意会，不能言传！

知识链接 >>>

梵高（1853—1890）：荷兰画家，是后印象派的三大巨匠之一。他对绘画创作近乎痴狂，擅长用浓重的色彩表达自己强烈的感情。他生前的创作一直没有引起人们注意，直到去世后，才得到了评论家一致的好评。

《向日葵》：是梵高在绘画的成熟期创作的作品。梵高用他那奔放不羁、大胆泼辣的笔触去画那些面朝太阳而生的花朵，把花蕊画得火红火红，就像一团炽热的火球，而黄色的花瓣就像太阳放射出耀眼的光芒一般。画面中，每一朵向日葵都具有强烈的生命力，释放着生命蓬勃燃烧的冲动和张力。

《鸢尾花》：画面色彩丰富，线条细致而多变，左边的白花与最左方的浅蓝花相呼应。梵高细心安排花朵位置，引导观者视线，使整个画面充满律动及和谐之感。蓝花丛中唯一的一朵白花是梵高的自比，象征他与俗世（蓝花）的不同和个人的孤独，和中国古人画莲的出淤泥而不染有异曲同工之妙。

《小树林》：画面以强烈鲜明的色彩、清晰的点、旋转运动的线状笔触、夸张变形的形象体现出画家激动和紧张的情绪。

大班：藏在名画里的猫

设计意图 >>>

绘本《藏在名画里的猫》讲述了猫画家菲莉西玛在名画中填画各种猫咪形象的故事，以独特的方式向小读者展现了来自伦敦国家美术馆、马德里普拉多美术馆、纽约大都会艺术博物馆和巴黎卢浮宫的传世名画。奇思妙想的故事极富儿童情趣，读者对世界名画的欣赏就在故事的阅读过程中不知不觉地完成了。作者能根据画面上的人物特点添画上不同姿态的猫，而且形象与画面是那么的吻合，这种适合幼儿特点的欣赏途径对幼儿园美术欣赏教学来说颇有借鉴意义。所以，教师根据绘本故事设计了本次活动，目的是借助故事情境让幼儿在积极的观察思考中提高对名画的欣赏能力。

活动目标 >>>

（1）根据画面情境大胆地表现不同形态的猫咪形象，体验创作的乐趣和成功感。

（2）能关注画面上人物的动作、表情，判断其不同的心理状态，有兴趣地欣赏名画。

重难点 >>>

重点：能关注画面上人物的动作、表情，判断其不同的心理状态。

难点：能根据画面情境表现出不同形态的猫咪形象。

活动准备 >>>

经验准备：幼儿有画猫的经验；欣赏过绘本前半部分。

材料准备：绘本《藏在名画里的猫》幻灯片；三幅名画《收割季节中的一餐》《宫娥》《蒙娜丽莎的微笑》；油画棒，牛皮纸和白纸，剪刀，固体胶。

活动过程 >>>

1. 创设情境，引导幼儿回忆故事

引导幼儿回忆绘本《藏在名画里的猫》中猫画家菲莉西玛做了什么事情。

2. 提供背景，指导幼儿创作不同形态的猫

（1）欣赏名画，引发想象。

教师同时出示三幅名画《收割季节中的一餐》《宫娥》和《蒙娜丽莎的微笑》，

第一章　内容选择创意——让美术不再孤独

引导幼儿思考讨论：如果你是天才画家菲莉西玛，你喜欢在哪一幅画上画一只猫呢？它在干什么？（启发幼儿模仿猫的各种姿态）

(2) 创作形象，尝试摆放。

提供牛皮纸和白纸，指导幼儿能仔细地观察画面上的情境和人物，并能根据自己选择的名画情境来设计猫的不同造型，如站着、趴着、仰头、低头等，且猫的造型要能符合画面的需要。幼儿画好后把猫的形象剪下来，以名画作为背景，贴在相应的位置上。

3. 创编想象，鼓励幼儿讲述猫与名画的故事

(1) 师："找一找，说一说，自己画的猫在哪里，在干什么？"

(2) 变换猫的位置，帮助幼儿体验猫的大小和作品布局的关系。

师："如果把猫咪放在这里会怎么样呢？"

(3) 激发幼儿欣赏绘本故事的欲望。

师："猫画家菲莉西玛是怎么画的呢？"

作品欣赏 >>>

这里好热呀，让我爬到树上凉快一会儿吧！他们在吃饭呢，我闻到了香喷喷的鱼的味道，要分给我一点儿吃就好了。

图 1.25

小公主不高兴了，为什么呢？让我爬到画架上看一看。

图 1.26

幼儿园美术活动创意设计

我跳到蒙娜丽莎的肩膀上，和她说悄悄话，蒙娜丽莎笑了。

图 1.27

教学思考 >>>

让幼儿与大师对话

名画欣赏教学是美术教学中难度最大的一环。一则，教师对名画的了解不够透彻。二则，欣赏的有效途径总是难以把握。绘本故事《藏在名画里的猫》以独特的创作形式和充满童趣的故事情节为我们打开了一扇门，让幼儿得以与大师进行近距离的对话。

（1）在情境中欣赏感悟。为了引导幼儿关注画面，教师结合绘本的故事情境提出问题："如果你是天才画家菲莉西玛，你喜欢在哪一幅上画一只猫呢？它在干什么？"幼儿根据自己的喜好主动选择一个画面，观察其中人物的动态，积极思考并创作与画面情境相吻合的猫咪形象。创作的过程看似是在画猫，实际上是在欣赏名画，理解画面所表现的内容，画猫成为欣赏的辅助手段。这样的方式让原本枯燥的欣赏教学在绘本情境中变得生动活泼。整个活动过程互动性强，充满趣味，幼儿始终处于积极的状态中，较好地完成了欣赏目标。

（2）在自由的空间中尽情表达。绘本给欣赏提供了创新思路，在执教活动中教师也给幼儿提供了更多自由的空间。幼儿画出各种形态的猫后，将其摆放到画面适当的位置并进行讲述。在深色调的名画背景中，幼儿画的猫咪形象稚拙可爱，充满童真。幼儿的表达更让我们感叹：他们的思想和灵感丝毫不亚于大师。

第一章　内容选择创意——让美术不再孤独

在《收获季节中的一餐》这幅画中（见图1.25），有幼儿把一只吃鱼的小猫放在人们身边说："中午好热呀，大家都在吃饭休息，小猫咪也饿了，美美地吃起了鱼。"有幼儿把一只小猫放在了一旁的空地上，说："地上掉了那么多的麦粒，小猫正在帮忙捡呢！"还有幼儿把小猫放在了远处的小路上，说："小猫看到这边很热闹，也在飞快地赶过来呢。"在《宫娥》这幅画中（见图1.26），幼儿把猫咪放在了画家的大画板上，要让猫咪偷偷地听一听房间里的人在说什么。在《蒙娜丽莎的微笑》这幅画中，很多幼儿的思路和绘本内容一样，把小猫放在蒙娜丽莎的手臂中，让人们感到蒙娜丽莎的微笑好像就是这只姿态优雅的猫咪带来的；也有幼儿将猫放在蒙娜丽莎的肩膀上（见图1.27），和她说悄悄话。可爱的猫咪让温馨凝重的画面充满了生机和活力。

为了开拓幼儿的思路，教师有意识地引导幼儿尝试自由摆放，比较同一形象的猫咪放在不同位置出现的不同效果，这样的安排使幼儿的想象和创造能力得以充分地发挥。幼儿生动的语言讲述使讲评环节更生动，更富有情趣，颇有"柳暗花明又一村"的感觉。在欣赏、创作、讲述的过程中，幼儿与大师的距离更近了！

知识链接 >>>

《蒙娜丽莎的微笑》：堪称世界上最负盛名的传世杰作之一，是巴黎卢浮宫的镇馆之宝，是意大利文艺复兴时期著名画家达·芬奇于1503—1505年创作的。在这幅画中，巧妙的光线运用是最值得后人研究的。在蒙娜丽莎的脸上，微暗的阴影时隐时现，为她的双眼和唇部披上了一层面纱，产生若隐若现的微笑，因此又被命名为《神秘的微笑》。在构图上，正面的胸像构图使蒙娜丽莎显得更加端庄、稳重。除了脸部外，给人留下深刻印象的当属那双高贵纤细而且美丽无比的手了。象牙雕刻般的手指中流动着红色的血液，光润的双手搭在一起，双手的纤细形状确定了手的稳定美。此外，这幅肖像画中的风景起到了意想不到的背景效果，广阔的自然风光衬托着夫人向远方伸展去。

《收割季节中的一餐》：是16世纪尼德兰地区最伟大的画家彼得·勃鲁盖尔于1565年创作的木板油画，现收藏于纽约大都会博物馆。在这幅作品中，勃鲁盖尔采

幼儿园美术活动创意设计

用了依据视觉的远近景构图的手法，近景是一群农家男女在收割谷物的间隙共享午餐的场景，他们吃得津津有味，脸庞洋溢着收获的喜悦，有的已经吃完躺在树下睡着了。近旁还有在收割的人、送水的人等；远景是一片片金黄的谷地，着实壮观；中景是村落和田间的道路，路上还有一辆满载谷子的四轮车……整幅画面充分表现了农民丰收的喜悦心情，展示了尼德兰地区浓郁的乡土气息和风土人情。

《宫娥》：是西班牙的巴洛克式画家迭戈·委拉斯开兹最负盛名的代表作。这幅作品的中心人物是西班牙国王菲利普四世的小女儿玛格利特公主，她处于画面的中心位置，摆出端仪的姿态。左边的一个宫女跪下来，向她奉上一些茶点，但小公主全然不理会，似乎比较任性。玛格利特右边的一个宫女正在鞠躬，可能是在祈求公主用膳。画面的右下角是两个供宫廷取乐的侏儒和一条打瞌睡的狗，而公主后面站着的两个年长的仆人可能是玛格利特日常生活的监管者。整个画面最为有趣的是委拉斯将自己安排在了画面之中，他手持调色板站在巨大的画板后，俨然就是他为自己画的一个肖像。大厅的出口站着守卫的士兵。而此时，整个画面中人物的眼神都指向了他们的前方。吸引了现场所有眼神的是国王菲利普四世和王后玛丽安娜，他们的身影透过画面墙壁上的镜子显现出来。

这幅高度达 3 米的作品，画面的每个物体与实物同等大小，这些正显示出了委拉斯高超的技法。画家将每件物体都刻画得相当到位，毫不敷衍。质感、形体、空间、明暗的处理更是让人拍案叫绝，向人们展示了一个"真实"的时间片段的塑像。

经验分享4

源于本土，体现文化与特色

在当今全球化趋势越来越明显的情况下，如何保持本土文化已成为世界各国教育共同面临的问题。时代呼唤着本土文化走进幼儿园，走进课堂，走进孩子们的心中。那么，如何让幼儿亲近底蕴深厚的本土文化，又如何将本土文化纳入到美术教学中来呢？

第一章　内容选择创意——让美术不再孤独

1. 追根溯源，采风燃情

教师如果有心的话，会发现本土文化时不时地在生活中闪现。不过，对于生活在"卡通"时代的孩子来说，他们对本土文化了解得很少。因此，激发幼儿对本土文化的兴趣，让他们近距离地了解本土文化，是让幼儿亲近本土文化的前提。

（1）让孩子走进家里去寻宝。一把古色古香的老木梳、一个蹴鞠、一对虎头鞋、一盏铜灯、一对绣花枕头、一只青花盖罐、一个竹编的果盘、一条彩带……当孩子把一件件家里的宝物汇聚在教室的时候，教室俨然是一个小小的博物馆。孩子们在说说讲讲的交流中，在摸摸看看的感触中，近距离地感受了解本土文化。

（2）让幼儿走向自然去寻根。旅游资源是一个天然博大的民间艺术宝库，教师应鼓励家长引导孩子在旅游中带着一双发现的眼睛，随时用相机收集和记录蕴藏在民间的艺术：画栋雕梁的建筑、石刻砖雕、古老的纺车、古代马车、威武的门神、蓝印花布染坊、青花瓷……让孩子在旅游中探古寻源，把生活变成我们的大课堂，也是引导孩子学习本土文化最有效的方法。

（3）让孩子走进节日去体验。传统的节日是本土文化的集中体现，也是民间艺术的大荟萃。因此，教师亲自或者鼓励家长带领孩子走进节日，参与民俗活动，亲身去体验民间艺术在这些节日中最具特色的东西。最能体现当地文化的节日莫过于"过大年"了，年画对联、剪纸窗花、舞龙高跷、唱大戏、扭秧歌、做祭祀，这些丰富多彩的新年庆祝活动简直是民间艺术的"满汉全席"。

（4）带领孩子走近艺人去学习。教师应带领孩子进入民间艺人的工作室，与老艺人们一起玩泥巴、做糖人、做陶罐，或者试着摆弄根雕，亲身体验民间艺术作品的创作过程。

（5）指导孩子通过网络去拓展。网络是个更广阔、更丰富的空间，当孩子们对网络有了基本的认识并掌握了一定的操作技巧后，教师应让他们通过网络去领略更丰富的民间艺术资源，使孩子们对本土文化有一个更全面、更深入的了解。

2. 因地制宜，纳入课堂

本土文化博大精深，这就要求教师选择其中有价值的、对孩子有教育意义的，同时贴近孩子生活且被孩子所喜爱的内容纳入到美术教学中来，以激发孩子创作的欲望，点燃他们创作的激情。

(1) 将本土资源纳入美术教育。本土资源贴近幼儿的生活经验，更容易引起幼儿的情感共鸣，因此教师应充分审视、利用周围的环境，让幼儿的创作更丰满、生动。比如，幼儿园地处市委大院，院内高大挺拔的白杨树、成群的灰喜鹊都是孩子们的朋友。于是该园教师抓住教育契机，开展了写生白杨树、灰喜鹊和拓印树叶的各种活动。后来，因该园场地改造，有几棵树被移植，孩子们又为喜鹊设计了新家。这个过程对孩子来说已经不仅仅是在画画，更多的是他们对动物、对植物的一种爱护和情感的体验。艺术本身就是来源于生活又高于生活，以生活为本源的学习，更容易引起孩子情感上的共鸣。

(2) 深入挖掘本土资源。不同的幼儿园有不同的教学资源，包括自然、社会、人文资源，教师应因地制宜地进行挖掘、利用，收集、甄选素材，形成园本课程，深度开发本土文化。就拿淄博来说，幼儿教师可以利用淄博丰富的自然与人文资源生成"我爱淄博"的主题课程。比如，教师可以组织孩子们参观淄博的陶瓷馆、车马馆、博山溶洞、马踏湖、周村古街、聊斋园，让孩子们初步了解淄博的人文景观。接下来，让孩子们利用网络拓展了解淄博的特产、名吃、地理特点。然后，引导他们了解淄博地图，并利用淄博地图进行借形想象。教师也可以引导孩子们尝试着制作蹴鞠、陶瓷，写生聊斋人物、齐国马车、周村古街等，之后进一步拓展到山东名胜、特产、文化名人，并引导他们以水粉、水墨、线描等形式进行创作。本土文化在孩子们的创作中焕发生机，孩子们的人文素养和艺术素养在本土文化的滋养孕育中得到提升。

案例呈现4

中班：坛坛罐罐

设计意图 >>>

山东省淄博有"陶瓷之都"的美誉，随着陶瓷艺术节的到来，各式各样的"坛坛罐罐"进入孩子们的视野。用什么样的方式表现它们呢？水彩画淋漓通透的特点恰恰能够很好地表现陶瓷的神韵。由此，带着浓浓家乡情的水彩写生创作便开始了。

第一章 内容选择创意——让美术不再孤独

活动目标 >>>

（1）尝试用毛笔蘸水彩表现陶瓷的特征，感受用毛笔打湿水彩纸作画所产生的晕染效果。

（2）体验陶瓷艺术的美，萌发对家乡的热爱之情。

重难点 >>>

用毛笔蘸水彩绘画陶瓷。

活动准备 >>>

经验准备：幼儿有参观淄博陶瓷馆的经历，对各种各样的陶瓷制品有所了解。

材料准备：调色盘、水彩颜料、博山陶瓷（青花瓷、山水陶瓷等）、毛笔、8开素描纸。

活动过程 >>>

1. 幼儿欣赏陶瓷，感受陶瓷的艺术美

师："这些陶瓷是什么形状，什么颜色？陶瓷上面有什么？你认为哪件瓷器是最美的？"

2. 教师完整示范水彩画的画法

（1）先用浸湿的毛笔把素描纸涂湿。

（2）再用毛笔轻轻蘸青色水彩颜料，勾画出青花瓷的外部轮廓。

（3）根据自己的想象，在勾画好的陶瓷上勾画线条和花纹。

3. 幼儿自由绘画自己喜爱的陶瓷

幼儿绘画，教师观察、指导。教师应观察幼儿的握笔姿势，要让毛笔竖起来画；应引导幼儿趁素描纸湿的时候上色，这样会产生晕染的效果，体现出青花瓷的质地。

4. 引导幼儿欣赏水彩画作品的美

展示幼儿的绘画作品，请幼儿相互欣赏并介绍自己的作品。

作品欣赏 >>>

图1.28

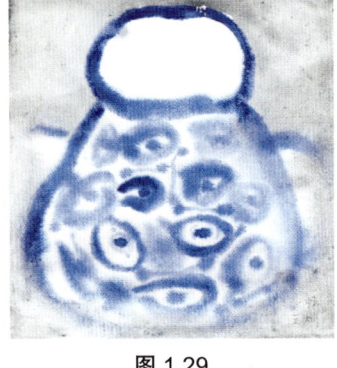

图1.29

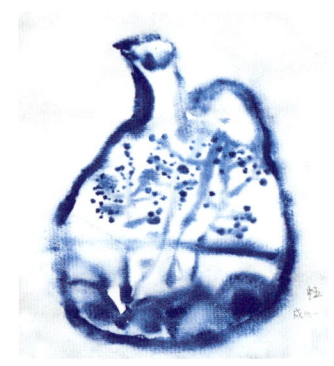

图1.30

教学思考 >>>

抓住本土文化与美术教育的契合点

在美术活动中,如何让幼儿亲近底蕴深厚的本土文化呢?找到本土文化与幼儿美术教育的契合点是最关键的。在这个活动中,来自坛坛罐罐的"美"是最吸引孩子的。

(1)在陶瓷馆中赏美。在参观陶瓷馆时,孩子们禁不住感叹:"这个瓶子的样子很好看,我最喜欢了!""这上面的花纹好漂亮,刻瓷的爷爷真了不起。"一件件精美绝伦的陶瓷艺术品在孩子们的讨论中变得富有生命,更加灵动。

(2)在生活环境中观美。在教师精心布置的教室环境中,孩子们面对一件件陶瓷制品相互争论着:"我这个最漂亮了!我妈妈花了很多钱买来的。""不对,我认为xx带来的瓶子最好看!""我爸爸公司里有一个很高很高的大花瓶,那才好看呢!"孩子们在讨论中进一步感受到陶瓷之风韵。

在孩子们充分地欣赏美、谈论美之后,教师带领他们走进了表现美的创作之中。

在"坛坛罐罐"的教学活动中,教师围绕"美"来开展教学。从坛坛罐罐形态的美、花纹的美、颜色的美到水彩晕染的作品的美,众多美的体验让孩子深深地体会到家乡的美。

抓住本土文化与美术教育的契合点,让本土文化生辉,让美术教育更具特色,让每一个孩子萌发爱家乡、爱祖国的情感,是创意美术永远的追求。

第一章　内容选择创意——让美术不再孤独

大班：淄博地图借形想象

设计意图 >>>

淄博，是个美丽的城市，拥有优美的旅游景点、美味的特色小吃和热情好客的人们。在园本课程"我爱淄博"中，孩子们对淄博地区产生了浓厚的兴趣，大都能够熟练地说出淄博的五区三县。于是，结合幼儿园的美术特色，教师决定让孩子们从不同的角度对淄博地图进行借形想象，使孩子们对淄博的地图有更加深刻的认识，发展他们的创造想象能力。

活动目标 >>>

(1) 通过借形想象把淄博地图变成小动物。

(2) 表达对家乡的热爱之情。

重难点 >>>

重点：借助淄博的区县地形图进行想象添画。

难点：用点、线、面的方法装饰、美化淄博地形。

活动准备 >>>

经验准备：幼儿已了解淄博的相关知识、特产等；能绘画各种各样的花纹，有借形想象的基础。

材料准备：1开牛皮纸竖裁，水粉颜料（橘红、柠檬黄、淡绿、黑白）、棉棒、各区县地图、淄博地图。

活动过程 >>>

1. 谈话导入，引发回忆

出示淄博地图，提问："这是什么？能找到你家的位置吗？谁能来介绍一下淄博？"

2. 观察地图，借形想象

(1) 借助淄博地图引导幼儿多角度想象。

师："老师发现我们的淄博地图还像一只可爱的小动物呢，你觉得像什么小动物？"引导幼儿想象。

(2) 师幼共同示范借形想象。

①师："你认为它像什么动物？它的眼睛在哪里？请你把它画出来。"教师根据

幼儿所画眼睛的样子，指导眼睛的画法。

②师："小动物的身上会有什么花纹呢？请你把它画出来。"（幼儿绘画）

③师："除了这样的花纹，还可以画什么？请你把它画出来。"

④师："教师根据画面进行局部添画。"小结：找到小动物，可以先画出眼睛，然后添加花纹。

（3）幼儿自由选择自己喜欢的区县地图想象添画。

指导要点：如果你发现不了动物，你可以换一个方向再看一看；找到小动物，先画上眼睛，然后再给它添画花纹。

（4）在想象成的小动物四周添画小朋友。

师："小朋友把淄博地形图变成了那么多可爱的小动物，我们和小动物一起做游戏吧！我们可以和小动物玩什么游戏呢？画一画吧！"

3. 快乐交流，分享快乐

师："你把什么地方变成了什么小动物？你最喜欢哪一个小动物？和你的好朋友说说吧！"

作品欣赏 >>>

图 1.31

第一章　内容选择创意——让美术不再孤独

教学思考 >>

让爱家乡的情感在美术创作中流淌

《纲要》指出,要为幼儿提供感受和体验家乡文化的机会,从而培养幼儿对社会的认同感,加深幼儿对本土文化的尊重和热爱的情感,为传承优秀的民族文化传统奠定基础。

在"中国娃"的主题中,幼儿开始关注自己所在的城市:"淄博是什么样子的?"顺应幼儿的探究视角,教师为他们投放了淄博地图,由此引发了幼儿一系列的探究活动:淄博也有长城,叫齐长城;周村烧饼天下闻名;博山的陶瓷、琉璃非常精美;蒲松龄是淄博人……在孩子们对家乡认识增深的基础上,教师引导他们开始了对淄博地图的借形想象活动。

幼1:"淄博就像一个厨师妈妈,给我们做很多很多好吃的。"(见图1.31)

师:"都有哪些好吃的?"

幼1:"有周村烧饼,薄薄的,脆脆的;有咸鸭蛋,是马踏湖那边的,蛋黄里有油,很好吃;我最喜欢吃的是博山的肉干,要使劲使劲地嚼,越吃越香。"

幼2:"我把周村地图想象成了一只小恐龙。它身上穿的黄色衣服就是用周村的丝绸做成的。"

幼3:"沂源是一只打扮得很漂亮的小兔子,和我一起玩。"

师:"小兔子从沂源赶来和你一起玩,会给你带来什么好吃的?"

幼3:"大苹果喽!"

幼4:"我把博山变成了一只小狗。"

师:"这是一只什么样的小狗?"

幼4:"这是一只由博山琉璃做成的小狗,我家就有这样一只小狗,它身上有很多花纹。"

面对孩子们借助地图创作的作品,我们可能会单纯地以为它们仅仅是动物的图形而已,但当我们蹲下身子去探寻孩子作品中蕴含的故事时,会惊奇地发现:孩子们内心流淌的是浓浓的家乡情!

大班：我喜欢的聊斋人物

设计意图

关注家乡的历史文化，打造具有本土特色的课程，是创意美术积极倡导的理念。清代文坛大家蒲松龄的巨著《聊斋志异》是我国文学史上的一枝奇葩，被人们广为传颂。那么，怎样挖掘其中符合幼儿年龄特点的内容，吸收到创意美术中来呢？通过对孩子的深入了解，教师们发现：一个个个性鲜明的聊斋人物给孩子们留下的印象是最深刻的。因此，尝试让幼儿用中国传统的水墨画来表现人物，是一个不错的内容选择，一是可以让幼儿充分地表达自己对人物的认识和喜爱的情感，二是可以让幼儿进一步感受独具东方魅力的水墨画艺术。

活动目标

(1) 初步学会用中、侧锋来绘画人物并添画相关背景，表现聊斋人物的特点。

(2) 感受水墨画的独特魅力。

重难点

重点：用中、侧锋来勾画聊斋人物的特点。

难点：浓淡墨的运用和人物五官的画法。

活动准备

经验准备：幼儿听聊斋故事、看聊斋人物图片，熟悉不同人物的服饰特点。

材料准备：水、墨汁、毛笔、宣纸、调色盘、国画颜料、聊斋人物图片。

活动过程

1. 欣赏聊斋的故事图片

教师出示聊斋人物图片提问："认识这些人物吗？说一说他们的故事。"

2. 利用儿歌和示范的手段，介绍中锋和侧锋

(1) 蘸墨：小小毛笔，脑袋尖尖，喝饱墨水，准备画画。

(2) 中锋：尖尖脑袋，正对纸面；上上下下，左左右右；中锋行笔，线条均匀。

(3) 侧锋：歪歪脑袋，线条变宽；身体歪歪，线条更宽；身体躺下，画个大瀑布。

3. 幼儿临摹，教师指导

(1) 引导幼儿选择自己喜欢的聊斋人物图片，尝试先蘸浓墨用中锋勾勒人物的

第一章 内容选择创意——让美术不再孤独

轮廓和五官,突出人物动态。

（2）引导幼儿蘸淡墨用侧锋画出人物的头发、服饰等。注意墨色浓淡要有变化、有对比。

（3）引导幼儿根据人物特点,用毛笔蘸国画颜料上色,要求有浓淡和晕染的效果。

（4）引导幼儿根据故事情节,进行相关景物的添画。

4．欣赏作品，相互交流

（1）引导幼儿讲讲自己的作品。师："你画的是哪个聊斋故事中的人物,名字是什么？有什么有趣的故事？"

（2）教师从构图和浓淡墨的运用上讲评,提升孩子的水墨画知识。

作品欣赏 >>>

我画的是《竹青》里面的美女,她生活在绿幽幽的竹林里,这里还有小熊猫。

图 1.32

我最喜欢的聊斋人物就是胭脂。她长得特别漂亮,大大的眼睛,红红的嘴唇。

图 1.33

幼儿园美术活动创意设计

我喜欢崂山道士的法术，能够帮助好人除掉坏人。

图 1.34

教学思考 >>>

找准把本土文化引入美术教学的适宜点

《聊斋志异》是我国的文化瑰宝，值得我们去传承。全书491个故事，对真、善、美的赞颂是它最重要的思想特征，同时还表达了对现实的强烈不满，并通过谈狐说鬼的手法加以表现，故事笔触因而显得较凝重。那么，如何从中选择适合孩子的故事内容就成为教师着重考虑的问题。

首先，避"恶"求"善"，改编故事。蒲松龄的故事多以鬼怪为题，要讲给幼儿听，就需要适当修改，不给幼儿以恐怖之感。其次，避"怪"求"美"，选择美好形象，因为丑陋的鬼怪形象是不适合纳入美术创作中的。再次，避"洋"求"土"，选择绘画材料。这就要求教师应注重本土元素的体现，多考虑水墨、剪纸等具有"中国风"的表现手法。鉴于此，教师精心挑选了《小翠》、《石清虚》、《崂山道士》、《竹青》、《鸟语》等颂扬人间真情和高尚品德，具有弘扬正义的积极意义的10个故事。然后，先引导孩子听故事，旨在以精彩的故事情节、鲜明的人物个性激发孩子们对主人公的喜爱和创作的欲望，再给孩子提供毛笔、墨汁等材料，创设环境、创造条件，让孩子们尽情地去表达、表现。

无所不能的"神话"形象与幼儿向善向美的内心需求相结合，激发孩子们创作出一个个鲜活的聊斋形象：大眼睛的胭脂姑娘、苗条秀美的竹青、聪明善良的小翠、神通广大的崂山道士等。由此可见，教师站在幼儿的角度吸纳本土文化的精华，不但可以使本土文化在孩子们的创作中焕发出生机，同时孩子们的人文素养和艺术素养在本土文化的滋养和孕育中也可以得到提升。

造型材料创意——让一切皆能美术

美术材料是幼儿发挥想象、探索事物、尽情创意的载体。生活中废旧的鞋子、衣服、自行车，废弃的三合板、瓦片、砖头；自然界中的树根、树枝、树叶、稻草、秸秆；餐桌上的蔬菜、水果……所有这些东西在孩子的眼中都是有生命、有灵性的，都可以成为孩子美术创作的造型材料。面对如此丰富的物质世界，教师要有一双善于发现的眼睛和善于创造的双手，让一切皆能美术！

经验分享

一切材料皆能美术

"让一切皆能美术"是创意美术在材料运用上着力倡导的理念。美术活动离不开材料，丰富多样的材料不仅能激发幼儿创作的灵感和欲望，提升幼儿对美术活动的兴趣，发展幼儿的动手能力、创造能力，也能让幼儿学会观察生活、发现生活中的美，从而萌发改造和美化周围生活环境的意识。因此，在创意美术教学活动中，教师应具备善于发现材料、运用材料和变换材料的能力，学会"慧眼识材"。

在美术材料的使用上，对于大多数教师来说，最难的不在于如何选择新材料，而在于如何因"材"而异、因"材"施教。那么，如何真正有创意地运用材料呢？概括来讲，主要有以下三个方面。

1. 传统材料创新用，让创作从无趣到有趣

创新使用传统材料，是指充分挖掘传统美术材料的新用法，主要表现在以下两方面。

（1）让一种材料变另一种方法用。一张普通的纸，可以变圆，表现画面突出的主题；可以变方，让幼儿不论从哪个方向都可以随心所欲地使用；可以变长，让幼儿合作创编成连环故事；可以变大，让幼儿在画面上尽情挥洒；更可以变得毫无规则，让幼儿从"像什么"的角度产生无限联想。一支普通的记号笔，可以让不太会用毛笔作画的幼儿体验水墨画的神韵。比如幼儿可以先用记号笔代替毛笔在宣纸上勾勒轮廓，然后用毛笔蘸水涂抹以产生晕染的效果。一支普通的油画棒，可以让幼儿借助其油水分离的特点实现绘画的魔术、体验油画的风格。

（2）让一种材料变多种方法用。就拿纸来说，原先在一种活动中可能只有一种用法，比如只用于绘画活动，或者只用于手工活动；而多种手法的综合运用，不仅可以充分发挥纸张的功能，更可以提升幼儿的创作兴趣，发展幼儿的创作能力。比如：在中班"我长大了"的活动中，教师可以指导幼儿先把纸裁成长长的纸条，然后利用折纸扇的方式一反一正地折叠起来。之后，打开上面的一格，请幼儿画上自己的头、五官和手，再在最下面的一格内画上腿和脚。接着从上面开始逐层打开折叠的纸并延画身体，这样随着纸的逐渐打开，身体也在慢慢地增高，整个

过程非常形象地展示出孩子的长大过程。这个活动将孩子缓慢长大的过程显性地呈现在他们的眼前,从而使孩子萌发"我长大了"的自豪感。再比如:随意撕出一张不规则的纸,然后把它们粘贴到背景纸上进行借形想象、画一画,这样一幅幅独一无二的创意想象作品就诞生了。

2. 多元材料巧利用,让创作从单一到丰富

自然材料随处可见,如树叶、树枝、树皮、花瓣,各种植物的果实、种子、石头、泥沙等。生活材料也比比皆是,如废旧的包装箱、包装盒、瓶瓶罐罐、报纸、衣物等。面对丰富多元的材料,教师可以巧妙地赋予它们艺术的生命和价值,因"材"而异,指导幼儿进行各种各样的尝试。

(1) 以各种材料代替纸张。各种自然材料和生活材料一般都会有或大或小、或凹或凸的表面,将这些表面利用起来代替传统的纸,一方面会激发幼儿的创作兴趣;另一方面,材料特有的纹理会使画面产生高于纸张的美感,引发幼儿美的体验。生活中的酒瓶、笤帚、纸盒、包装袋,建筑用的瓦片、砖头和瓷砖以及餐桌上的瓷盘等,都可以代替纸张,成为作画材料。

(2) 用多种材料代替画笔。教师们只要集思广益、敢于尝试,就能让很多材料发挥画笔所不能达到的功能。比如:生活中的各种蔬果,如包菜、苹果、胡萝卜、土豆等;幼儿的玩具,如雪花片、小汽车、乒乓球、积木等;废旧的物品,如报纸、棉花、抹布等,只要稍加处理,就能似马良的神笔,让小班的幼儿创作出原本难以完成的内容。比如将卷心菜横切,让幼儿蘸色拓印成形象逼真的牡丹;将茭白纵向一切为二,让幼儿拓印出活灵活现的鲤鱼;用小汽车滚画,让幼儿画出原本不能画出的直线条;用方形积木拓印,让幼儿轻松地创作出各种车的外形;用玉米芯蘸颜色在纸上滚动,产生斑斑驳驳的纹理,而这是成人用任何笔也难以画出的。

(3) 使用不是颜料的颜料。生活中的一些材料可以巧妙地变为幼儿手中的颜料。比如,把刮墙用的腻子装在裱花袋里,就成为一种多变的颜料,供幼儿任意地挤捏;在面粉中掺入颜色,加醋调制成糊状,就成为可任意涂抹、玩耍的颜料。以这样的创意思维来个脑力激荡,每一个人都会发现还有很多很多不是颜料的颜料,如酱油、沙子、五谷、扣子等,数不胜数。

(4) 使用不一样的手工雕塑材料。把块状的材料垒一垒,把条状的材料捆一捆,

把薄薄的材料拼一拼，丰富的幼儿园手工、雕塑活动就可以开展了。自然界的树根、树枝、树叶、花瓣、稻草、玉米棒、葫芦，生活中废旧的瓶子、麻绳、包装用的塑料泡沫等，在孩子们的手中就会被赋予鲜活的生命。

3. 因"材"施教趣创意，让创作从复杂到简单

面对如此丰富的材料，孩子们的表现形式也应该是多种多样的。教师可以尝试开展多种形式的美术教学活动，如泼墨画、版画、剪纸、浮雕等，将材料进行变形创意，将绘画技能与孩子稚拙纯朴的表现方式巧妙地融合在一起，使创作更富情趣，也让创作从复杂到简单。教师可以带领孩子进行如下活动：

- "我是泼墨大师"：孩子们和老师在大幅纸张上随意地泼洒墨汁，浑然天成的色块在孩子们眼中就会变成各种生命体。

- "我是版画高手"：我们经常可以看到孩子们原始的带有表现欲的"版画"艺术行为，比如，他们喜欢将印章到处盖压，尽管他们还不理解这就是版画的雏形，但体现出他们对版画艺术的浓厚兴趣。因此，教师可以设计"幼儿版"的版画艺术活动，比如让孩子用铅笔在KT板上刻画之后，刷上颜色进行拓印。

- "我是油画专家"：教师可以引导孩子们用油画棒、尺子进行仿油画活动。先让孩子用油画棒勾出外形，然后把观察到的颜色用力地涂上，再用尺子刮一刮、抹一抹，让各色相融，产生油画的效果。

- "我是雕塑行家"：让孩子们先把报纸打湿，再用湿报纸做出外形，然后刷上白乳胶，再盖上一层宣纸，想象出外形之后，孩子们再进行涂色，雕塑大作就完成了。

引导孩子运用材料进行创作，是永无止境的。只有解放孩子的双手，才能让孩子更加地热爱生活、热爱美术活动。生活中，可以用作造型材料的物品比比皆是，只要教师有一双善于发现的眼睛和善于创造的双手，则一切材料皆能美术。

第二章　造型材料创意——让一切皆能美术

案例呈现 1　　纸的创新用

好玩的折纸画

创意思维 >>>

此创意的灵感来源于孩子们喜欢玩的名叫"东西南北"的游戏。游戏的玩法是：在折好的四个角上分别写上东西南北四个字，然后画上相应的人物、玩具或感兴趣的事情，像猜谜一样一张一合地玩。为什么不让折纸和绘画巧妙地结合起来呢？好玩的折纸画活动就这样产生了。

材料准备 >>>

A4 纸和水彩笔若干。

创作步骤 >>>

步骤1：按折纸步骤折好纸飞机，在纸飞机各个面做标记。（见图2.1）

步骤2：展开折纸，在做标记的各个面绘画（见图2.2），绘画的内容可以结合当前的主题活动来确定。比如：结合"交通工具"的主题，绘画《我设计的飞机》；结合"我就是我"的主题，绘画《我的愿望》。

步骤3：按照原折痕再次折好纸飞机（见图2.3），到户外放飞。

图 2.1

图 2.2

图 2.3

举一反三 >>>

折纸画可以满足幼儿折折、画画、玩玩、说说等多方面的愿望，让简单的绘画活动变成一种游戏。

中班幼儿可以利用扇形折纸创作《我长大了》，方法是：引导幼儿在折好的纸上画自己，每打开一格，就添画一年的成长经历（见图2.4），创作完成后，请幼儿讲一讲自己长大的故事。

借助大班幼儿爱玩的"挣元宝"的游戏，教师可以让大班幼儿在元宝的一面添画各种卡通形象（见图2.5、图2.6）。这样两个幼儿在玩时，用一个元宝去拍另一个元宝，翻转后，谁的卡通形象能量值大，谁就赢得元宝。

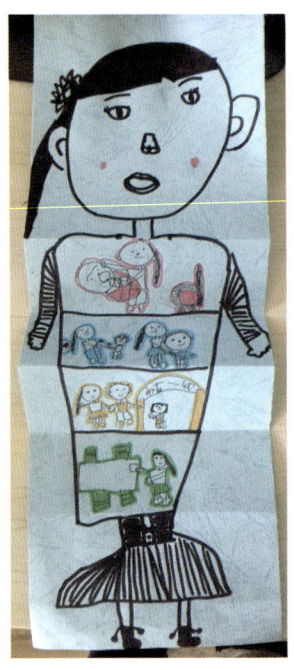

图2.4

图2.5

图2.6

克 隆 人

创意思维 >>>

克隆一个自己，对幼儿来说非常具有挑战意义。怎样克隆呢？幼儿在讨论中提出要用到比自己身体还要大的纸，在充分满足幼儿需求的基础上，教师引导幼儿创作出了《克隆人》。

第二章　造型材料创意——让一切皆能美术

材料准备 >>

1开大纸、剪刀、记号笔。

创作步骤 >>

步骤1：把1开大纸铺在地面上，一名幼儿躺在纸上，摆出自己喜欢的造型。

步骤2：同组幼儿围绕该幼儿身体的边缘，用记号笔画出轮廓（见图2.7）。

步骤3：幼儿间互相商议，合作剪出五官、手、脚、衣服花纹等，共同完成人物剪纸（见图2.8、图2.9）。

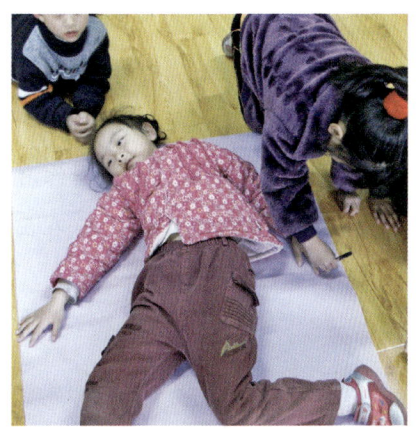

图2.7

举一反三 >>

除了剪纸的创作形式之外，教师还可引导幼儿利用线描、拼贴等形式完成创作。

图2.8

图2.9

案例呈现2

笔的创新用

记号笔玩魔术

创意思维 >>

中班幼儿还不太会使用毛笔，尤其用毛笔做精细的轮廓勾勒更是难以完成。怎样让中班幼儿也能体验水墨画的特点呢？根据记号笔具有水溶性的特点，教师萌发了让记号笔玩魔术的想法。

材料准备 >>>

宣纸、记号笔、宝塔图片、毛笔、水。

创作步骤 >>>

步骤1：引导幼儿根据创作内容，用记号笔在宣纸上勾画轮廓（见图2.10）。

步骤2：把毛笔蘸水后，在画好的轮廓上涂抹，产生晕染的效果，呈现水墨特点（见图2.11—图2.13）。

 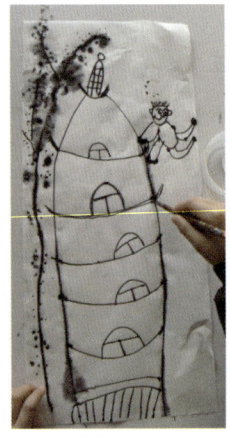 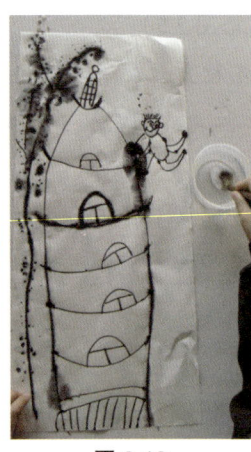 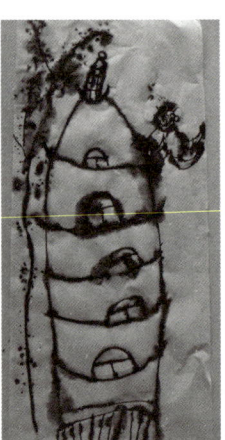

图2.10　　　　　图2.11　　　　　图2.12　　　　　图2.13

油画棒本领大

创意思维 >>>

油画棒是一种棒形画材，由颜料、油、蜡的特殊混合物制作而成，具有能混色、易厚涂、不溶于水等多种特点。然而在日常绘画活动中，幼儿更多地用它来涂色。怎样吸引幼儿利用油画棒进行更多样的创作呢？教师在引导幼儿欣赏油画作品的基础上，开展了更深入的绘画活动。

材料准备 >>>

油画棒、尺子、供幼儿写生的瓶瓶罐罐。

创作步骤 >>>

步骤1：摆好瓶瓶罐罐，鼓励幼儿用油画棒临摹写生。（见图2.14）

步骤2：在写生的基础上，鼓励幼儿用同色系油画棒进行厚涂。（见图2.15）

第二章　造型材料创意——让一切皆能美术

步骤3：引导幼儿用尺子将涂厚的油画棒刮下来，然后再抹在纸面上，如此反复刮抹，直至形成混色的油画效果。（见图2.16）

举一反三 >>>

利用油画棒不溶于水的特点，教师可以组织幼儿进行油水分离画的活动，即先用油画棒绘制基础图形，然后用毛笔蘸水粉刷涂背景。（见图2.17、图2.18）

利用油画棒易于厚涂、色彩鲜艳的特点，教师可以引导幼儿用它在砂纸上创作。（见图2.19）

图2.14

图2.15

图2.16

油水分离画《圣诞节来了》

图2.17

油水分离画《名字的故事》

图2.18

砂纸画《俏花旦》

图2.19

51

案例呈现 3　　　蔬果拓印

牡 丹 图

创意思维 >>>

欣赏国画《牡丹》时，孩子们在惊叹之余流露出难以企及的遗憾。"你们也能画出好看的牡丹花！"教师对他们说。孩子们不敢相信自己的耳朵："真的吗？""不信，来试试看吧！"当教师变戏法似的要用卷心菜作画时，孩子们带着欣喜和惊奇，跃跃欲试。

材料准备 >>>

卷心菜、报纸团、水粉颜料、毛笔、瓷盘、抹布若干，1开大纸横裁。

创作步骤 >>>

步骤1：将卷心菜横切一分为二，然后把它们轻轻地放在颜料盘中蘸好颜料（见图2.20）。

图2.20

步骤2：快速地把蘸好颜料的卷心菜放到纸上，用力压一压便拓印出牡丹的花朵。拓印时，尽量体现出简单的疏密关系。（见图2.21）

步骤3：用毛笔蘸墨绿色颜料画出牡丹花的花茎。（见图2.22）

步骤4：用报纸团蘸墨绿色颜料拓印出牡丹花的叶片。（见图2.23）

图2.21

图2.22

图2.23

第二章 造型材料创意——让一切皆能美术

作品欣赏 >>

图 2.24

图 2.25

举一反三 >>

利用果蔬材料玩拓印游戏有多种方式，比如可以用油菜拓印美丽的花瓶（见图 2.26），用苹果拓印水果娃娃（见图 2.27），用菜叶拓印树林，用胡萝卜拓印小鸡（见图 2.28）等等。

油菜拓印《花瓶》
图 2.26

苹果拓印《水果娃娃》
图 2.27

胡萝卜拓印《小鸡》
图 2.28

案例呈现 4　　玩具总动员

小汽车也能画画

创意思维 >>>

游戏是孩子的最爱,怎样让孩子在美术区域活动中快乐地游戏起来呢?小汽车一向是孩子们喜欢的玩具,尤其是男孩子,于是教师将"红绿灯"的游戏引进原本安静的美术区域,让小汽车也能画画!

材料准备 >>>

玩具汽车、长形绘画纸、各色水粉颜料、彩纸(或报纸)、记号笔、棉棒。

创作步骤 >>>

步骤1:把小汽车的车轮在颜料盘里轻轻地蘸一蘸后快速地放在纸上,然后让小汽车在绘画纸上来回自由移动。(见图2.29、图2.30)

步骤2:引导幼儿根据车轮印迹想象小汽车开过后变出了什么,并在想象好的背景上用彩纸进行撕贴。(见图2.31)

步骤3:请幼儿在撕贴好的彩纸上添画丰富的相关图像。(见图2.32)

图2.29

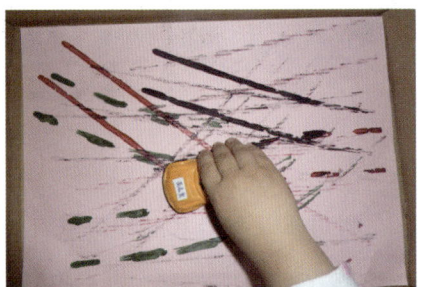

图2.30

图2.31

图2.32

第二章 造型材料创意——让一切皆能美术

作品欣赏 >>>

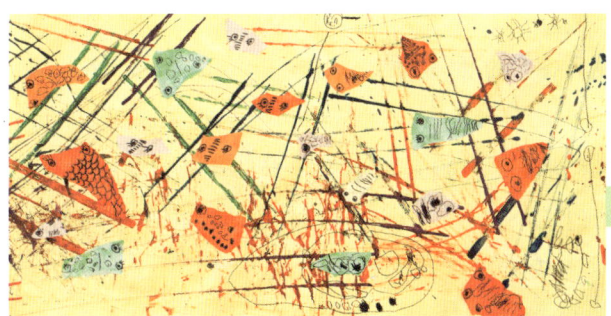

小汽车走过的路像渔网,渔民伯伯用它捞到了好多鱼。

图 2.33

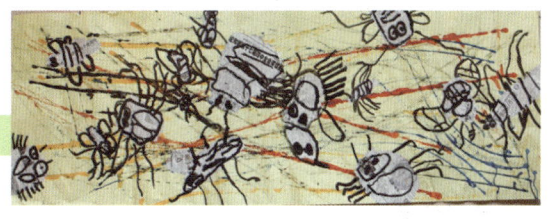

小汽车用车轮给蜘蛛做了一个家,蜘蛛一家可高兴了。

图 2.34

举一反三 >>>

此类印迹画不仅仅局限在汽车滚画上,教师也可以引导幼儿用弹珠、乒乓球进行滚画,还可以利用瓶盖等材料进行印画。

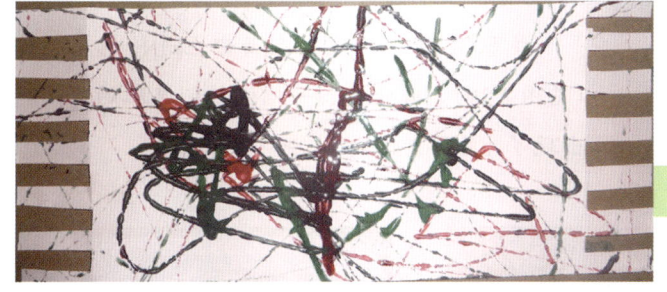

乒乓球滚画

图 2.35

瓶盖印画

图 2.36

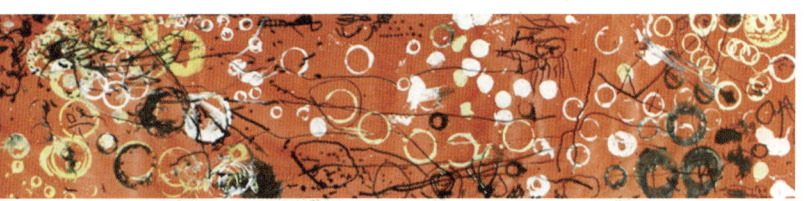

案例呈现 5　　厨房交响曲

玩不够的面粉画

创意思维 >>

包水饺时,孩子会绕着面板不肯走,他们最期望能得到一块面团揉一揉、玩一玩。那就为他们提供面团让他们玩个够吧!这样的美术活动顺应孩子的天性,再没有比这更吸引孩子的事情了!你听,孩子们在喊:"老师,我画了一个大花猫!""老师,看我画的房子!"

图 2.37

材料准备 >>

面粉、白醋、卡纸。

创作步骤 >>

步骤 1:在面粉里加白醋调成糊状(见图 2.37),为了降低面粉的黏性,可加入少量的花生油。

步骤 2:用手把面糊均匀地涂抹在卡纸上(见图 2.38),以不露出卡纸底色为宜。

步骤 3:用手指直接在面糊上进行想象创作(见图 2.39)。晾干后,一幅幅神似浮雕的作品就出现了(见图 2.40)。

图 2.38

图 2.39

图 2.40

第二章　造型材料创意——让一切皆能美术

小厨师的酱油画

创意思维 >>

现在让我们把创意的触角伸到厨房里，同样，厨房中也少不了美术材料。让孩子们当小厨师，用酱油来创作吧！随着酱油的香味飘散而出，孩子们的创作兴致也不断高涨。可见，材料创意无处不在！

材料准备 >>

老抽酱油、长条绘画纸、棉签、剪好的毛毛虫眼睛和嘴巴、利用纸杯剪好的滴管（盛酱油）、抹布。

创作步骤 >>

步骤1：用酱油在纸上随意滴出色块。（见图2.41）

步骤2：用手指在色块上随意涂抹出基本形状。（见图2.42）

步骤3：手指蘸酱油添画，并添加眼睛、嘴巴等装饰纹样。（见图2.43）

图2.41

图2.42

图2.43

案例呈现 6　　　　环保小卫士

我用腻子玩抽象

创意思维 >>>

在装修房子的过程中，刷墙的腻子粉无意间进入教师的眼帘，可不可以用腻子粉作为孩子创作的材料呢？教师决定引导孩子把这个设想变为现实。教师拿来蛋糕裱花袋，装进腻子粉，带到幼儿园的教室里，快乐有趣的创作就此开始了。

材料准备 >>>

腻子粉、水、蛋糕裱花袋、纤维板、各色水粉颜料、抹布、毛笔。

创作步骤 >>>

步骤1：将腻子粉加水调和成糊状，装入蛋糕裱花袋中，引导幼儿自由随意地在纤维板上捏出连贯的线条（见图2.44）。

步骤2：待腻子线条晾干后，引导幼儿用水粉颜料在线条之间的空隙中自由填色（见图2.45）。

步骤3：引导幼儿根据不同造型的色块进行想象，并添画成各种形象（见图2.46）。

图 2.44

图 2.45

图 2.46

第二章 造型材料创意——让一切皆能美术

作品欣赏 >>>

海底世界
图 2.47

鹦鹉的歌唱
图 2.48

鸟爸爸带小鸟学飞翔
图 2.49

美丽的田野
图 2.50

瓶子的故事

创意思维 >>>

瓶子是生活中极普通的材料，作为美术教师，怎能放过这些唾手可得的材料呢！孩子们可以在瓶子上涂抹、粘贴、捆扎，或者填充瓶子。通过孩子们饶有兴趣的创作，每一个瓶子都可以讲述它自己的故事。

生活中最常见的废旧物品，就是孩子最好的美术材料！

材料准备 >>>

各种造型的瓶子、太空泥、泥工板、丙烯颜料、水粉笔。

创作步骤 >>>

步骤1：将瓶子清洗干净，擦干待用，将丙烯颜料加水调制好。

步骤2：用水粉笔蘸丙烯颜料在瓶子上涂抹底色，把整个瓶子都涂满。然后，晾干待用。（见图2.51）

步骤3：把太空泥团成圆球或搓成长条，根据自己的联想在瓶子上做出造型。（见图2.52）

图 2.51

图 2.52

作品欣赏 >>>

图 2.53

图 2.54

第二章 造型材料创意——让一切皆能美术

举一反三 >>>

在瓶子上进行艺术创作有很多种方法，如纸浆包贴、填充瓶子、麻绳缠绕、圆珠粘贴、彩绘等。

图 2.55

图 2.56

图 2.57

图 2.58

鞋子的魔术

创意思维 >>>

家中废旧的鞋子是妈妈大扫除时最犯愁的事情，留着没用，弃之可惜。没关系，拿到幼儿园来吧！把它们清理干净之后，一份极好的创意美术材料就摆在了孩子们面前。在孩子们不可捉摸的小脑袋瓜里，废旧的鞋子又焕发出怎样的光彩呢？

如果说废旧物品是美术材料最大的"淘宝网站"，那么家长就是我们最大的"供应商"。

材料准备 >>>

各种旧鞋子、丙烯颜料、毛笔。

创作步骤 >>>

步骤1：将废旧鞋子擦拭干净。（见图2.59）

步骤2：引导幼儿观察鞋子的造型，说一说这个鞋子像什么。

步骤3：请幼儿选好丙烯颜料在鞋子上进行造型创作。（见图2.60）

图2.59

图2.60

作品欣赏 >>>

图2.61

图2.62

举一反三 >>>

能用来造型的不只有鞋子，还有很多物品！如树根、葫芦、纸卷、纸盒等。

图2.63

图2.64

第二章　造型材料创意——让一切皆能美术

图 2.65

图 2.66

好玩的瓷板画

创意思维 >>>

本土资源中，各种各样的瓷砖、瓷盘随处可见，因此开展一些具有本土特色的美术活动，让孩子们感受家乡的文化内涵，自然是教师的职责所在。

材料准备 >>>

瓷板、丙烯颜料或炫彩棒、毛笔、抹布。

创作步骤 >>>

步骤1：请幼儿选择自己喜欢的作画内容。（见图2.67）

步骤2：在颜料中加入适量的水调制，选择相应的颜色用毛笔直接在瓷板上作画（见图2.68）。

步骤3：瓷板可反复使用以创作新的内容。

图 2.67

图 2.68

作品欣赏 >>>

图 2.69

图 2.70

举一反三 >>>

　　除了瓷板，在瓷盘上作画也是很不错的选择。如果有条件，还可以选择釉彩来创作，并送到窑炉烧制。

釉上彩瓷盘画《蒲松龄》

图 2.71

釉上彩瓷盘画《李清照》

图 2.72

一组釉上彩瓷盘画

图 2.73

第二章 造型材料创意——让一切皆能美术

好吃的蛋糕

创意思维 >>>

过生日吃蛋糕，是孩子们最开心的事情。在美术区域活动中，让孩子们当蛋糕师傅也来做蛋糕吧！把海绵当作蛋糕，再用各色的颜料当奶油，蛋糕店就可以开张了！

游戏中的美术活动，永远是最让孩子快乐的，哪怕提供的材料是"假"的。

图 2.74

材料准备 >>>

各种不同形状的海绵、各色颜料、笔刷、蛋糕裱花袋、一次性蛋糕盘。

创作步骤 >>>

步骤1：请幼儿选择自己喜欢的海绵，也可以几块进行组合，放在蛋糕盘上制成蛋糕坯子（见图2.74）。

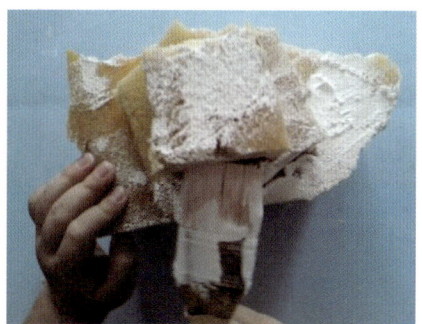

图 2.75

步骤2：用白色水粉颜料在由海绵组合成的蛋糕坯子上涂抹（作为奶油），尽量涂抹均匀（见图2.75）。

步骤3：请幼儿选择装有自己喜欢的颜料的蛋糕裱花袋，用挤捏的方法给蛋糕浇上颜料（作为果酱、巧克力酱等）（见图2.76）。一个美味诱人的蛋糕做成了！

图 2.76

作品欣赏 >>>

图 2.77

图 2.78

案例呈现 7　　水墨变奏曲

抓住"游泳"的墨

创意思维 >>>

如何让孩子们亲近人文底蕴深厚的水墨画呢？如果将浓淡干湿等水墨技巧生硬地教给幼儿，一定是不合适的。吸附画的水墨"游戏"特点，能让孩子的率真天性和水墨画的神韵天然契合，能让孩子们在玩中体验水墨交融的境界。

属于孩子的美术，一定少不了"玩"！

材料准备 >>>

托盘、水、墨汁、空眼药水瓶、小棒、宣纸、报纸、抹布。

创作步骤 >>>

步骤1：在托盘中倒入水，水位要略低于托盘中线。（见图2.79）

步骤2：往盛有水的托盘中滴入2～3滴墨汁（可用眼药水瓶盛装墨汁），

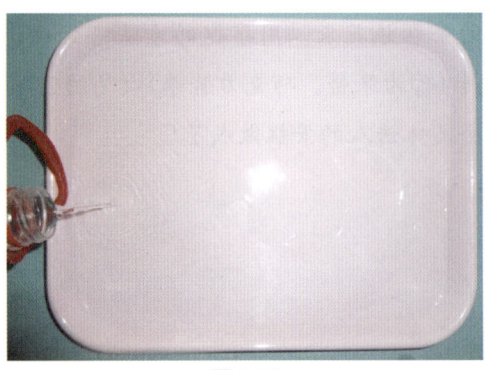

图 2.79

第二章 造型材料创意——让一切皆能美术

为保证吸附效果，滴入的墨汁尽量不要靠在一起（见图2.80）。

步骤3：用小棒贴着托盘底部轻轻拉动墨汁。为了形成美丽的墨纹，要把3滴墨汁往不同的方向拉动（见图2.81）。

步骤4：双手取略大于托盘的宣纸，将它平平地放在有美丽墨汁纹理的水面上。

步骤5：几秒钟后，双手轻轻地把吸附好的宣纸拿起，放到准备好的报纸上晾干，一幅美丽的吸附画就跃然纸上了。（见图2.82）

图2.80

图2.81

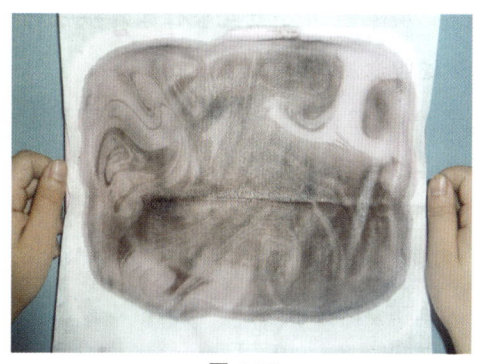

图2.82

举一反三 >>>

除了用墨汁，还可以选择指甲油、油画颜料作为吸附画的材料，因其鲜艳的颜色更能吸引孩子进行创作。

油画颜料吸附画
图2.83

指甲油印画
图2.84

畅 快 泼 墨

创意思维 >>

　　幼儿初次接触水墨画时，大都不敢大胆出手，因此让幼儿开展泼墨、玩墨的游戏是帮助他们大胆创作的好办法。教师可以准备大幅的纸张，同时为幼儿提供泼墨的纸杯，鼓励幼儿大胆地将墨泼出去，让幼儿享受畅快的心情！

材料准备 >>

　　调好的墨汁、大幅的纸张、泼墨用纸杯。

创作步骤 >>

　　步骤1：将纸张平铺于地面，然后分发给幼儿人手一个纸杯，并在纸杯中倒入适量墨汁，之后引导幼儿按照自己的想法将墨泼出去。（见图2.85）

　　步骤2：几个幼儿合作拿起纸张的四个角，调整纸张两端的高度，让纸张上的墨迹四散流开。（见图2.86）

　　步骤3：待墨迹晾干后，根据墨迹的形状展开想象作画。（见图2.87）

举一反三 >>>

图 2.85

图 2.86

图 2.87

除了用墨汁进行创作外，还可以用各色国画颜料进行泼墨，鲜艳的色彩更容易引发幼儿的创作兴趣。

图 2.88

案例呈现 8　　儿童版画

我是版画高手

创意思维 >>>

版画是通过印刷手段产生的视觉艺术形式，所使用的媒介一般是木板、铜板、石板等硬质材料。把这些材质换成松软的，就成为幼儿能够使用和操作的版画材料，如KT板、陶泥等。这些材质松软，只要轻轻用力，就能留下深刻的痕迹。有了这些材料，孩子们就能尽情地体验版画的魅力了。

材料准备 >>>

KT板、绘图纸、小夹子、抹布、各色水粉颜料、毛笔或水粉笔、圆珠笔。

创作步骤 >>>

步骤1：在裁剪好的KT板上用圆珠笔用力地勾画出线描稿。注意：一定要让KT板上出现刻痕凹槽。（见图2.89）

步骤2：用抹布蘸掺有洗衣粉的水，擦拭刻画好的KT板表面，以便更好地上色。（见图2.90）

步骤3：将印画用的绘图纸用夹子固定在KT板上，然后用毛笔或者水粉笔蘸水粉颜料平涂在KT板上。（见图2.91）

步骤4：趁湿盖上夹在上面的绘图纸，用力按压后揭下即可。（见图2.92）

图2.89

图2.90

图2.91

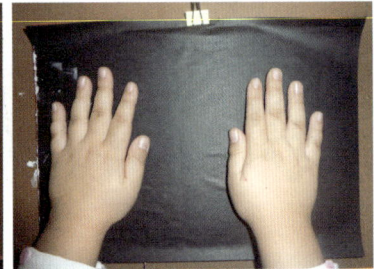
图2.92

作品欣赏 >>>

图2.93

图2.94

第二章 造型材料创意——让一切皆能美术

举一反三 >>>

借助瓦楞纸沟槽凹凸的特点，也可以进行版画创作。

瓦楞纸版画《恐龙时代》

图 2.95

瓦楞纸版画《螃蟹》

图 2.96

案例呈现 9　　　　**雕塑艺术**

恐 龙 时 代

创意思维 >>>

大班幼儿对恐龙的了解是惊人的，他们能如数家珍般地说出各种恐龙的名字及特征，还在建构区利用插塑积木拼插各种恐龙。追随幼儿的兴趣，教师利用报纸、饼干桶等废旧材料带孩子走近雕塑艺术，走进"侏罗纪公园"。

材料准备 >>>

报纸、饼干桶、胶水、丙烯颜料、水粉笔、宣纸等。

创作步骤 >>>

步骤1：将报纸用水打湿，然后在饼干桶上塑造半立体恐龙造型（见图2.97）。

步骤2：在恐龙造型上刷上胶水，然后附上宣纸，稍稍晾干。（见图2.98、图2.99）

步骤3：根据造型用丙烯颜料上色即可。（见图2.100）

图2.97

图2.98

图2.99

图2.100

作品欣赏 >>

图2.101

第二章　造型材料创意——让一切皆能美术

玩 泥 巴

创意思维 >>>

爱玩泥巴是孩子的天性。在幼儿园里，陶泥、面泥都可以成为孩子美术活动中的好材料。他们可以随意地团捏，塑一个自己，或捏一个喜爱的小动物。

材料准备 >>>

陶泥、陶泥板、丙烯颜料。

图 2.102

创作步骤 >>>

步骤1：取大小适中的一块泥巴，团捏后，反复摔打，直至摔出泥巴中的空气。

步骤2：根据自己的意愿，通过团、搓、压、粘等多种方式做出自己喜欢的造型（见图 2.102）。

步骤3：有条件的幼儿园，可以让幼儿涂釉彩并送至窑炉烤制。如果条件不允许，待泥胎晾干后，请幼儿涂抹丙烯颜料（见图 2.103）。

图 2.103

作品欣赏 >>>

图 2.104

图 2.105

图 2.106

图 2.107

笤帚 DIY

创意思维 >>>

一切材料皆能美术。凡视线所及之物,教师都可想一想,它能在美术活动中做什么。本次活动中,教师想到了引导幼儿用旧的笤帚来创作。

材料准备 >>>

旧笤帚、剪刀、颜料刷子。

创作步骤 >>>

步骤1:引导幼儿观察笤帚的外形,说一说它像什么,从而确定创作的主题。

步骤2:根据造型需要,剪去笤帚的多余部分。(见图2.108)

步骤3:根据造型用刷子涂抹颜色及花纹。(见图2.109)

图 2.108

图 2.109

作品欣赏 >>>

图 2.110

图 2.111

举一反三 >>>

　　包装用的塑料泡沫等废旧物品同样可作为幼儿创作的材料，先引导幼儿观察想象，再塑形涂色，奇迹就在眼前。

图 2.112

第三章

教学方法创意——让美术童趣盎然

在美术教育活动的组织开展中,有效的方法运用是达成教学目标、激发幼儿创意灵感、引导幼儿大胆想象的重要手段。因此,在开展创意美术教学活动中,教师应该心怀童真,从幼儿的兴趣和需要出发,潜心体味幼儿的内心世界,通过创设富有情趣的情境、巧妙地教授技能、适时地慧心指导、有效地进行作品评价,引领幼儿渐入创意佳境,搭建起推动幼儿自主学习与能力获得的阶梯,让幼儿稚趣的童年在美术创意中尽显盎然生机!

经验分享 1

情境，情趣激童趣

情境，是美术教学活动的催化剂。教师应创设富有情趣的情境，丰富幼儿的生活经验，帮助他们产生丰富的审美体验，激发他们的情感。幼儿有了情感，才有对美的感受和体验，才能获得对美术学习的持久兴趣，才有充满灵性与个性的美术创作。在美术教学活动中，教师可以根据活动的需要创设生活情境、游戏情境或者故事情境。

1. 生活情境

德国教育家福禄贝尔曾说过："通过生活并来自生活的课，是使人印象最深刻，理解最容易的课。"在美术活动中，有关美术领域中的技能问题，教师不能运用抽象概括的方法进行介绍，必须将其转化为幼儿的生活经验，才能为幼儿所理解。在美术活动中创设生活情境，就是将幼儿生活中一些有趣的事情加工为特定的情境，把美术作品的表现方法融入情境，使抽象的、无意义的空间转变为具象的、有意义的空间，使美术活动更加生活化、形象化。在创意美术中，针对"有控制的横竖线条的练习"这一内容，教师可以融入大扫除的生活情境；针对"绘画封闭的圆"这一内容，教师可冠之以包装礼物，不让礼品露出来的情境；针对"晕染效果的技法"这一内容，教师可以用打肥皂、冲泡泡的情境来解释；针对"油水分离的技法"这一内容，教师可用"大风吹来了"的魔术加以呈现。总之，生活情境和创作技法之间只要形成了巧妙的链接，只要链接恰当，幼儿会自然地沉浸其中，就像"真"的一样。

比如，在小班绘画活动"大扫除"中，教师创设了家庭卫生大扫除的情境，并把两支颜色深浅不同的水彩笔当做"吸尘器"，引导幼儿从"地毯"一头"吸"到另一头，从上吸到下，从左吸到右，不放过每个角落，直至把"房间"内的灰尘全部吸干净。最后，请幼儿根据自己的喜好选择"家具"粘贴，并摆上鲜花和玩具。就这样在生活情境的驱动下，幼儿实现着从无控制涂鸦向有控制涂鸦的过渡，使横直线的重复练习演变成有意义的"劳动"，在"劳动"中真切地感受到"自己真能干"。

再比如，在"小厨师做比萨"的绘画活动中，教师为幼儿创设了做比萨的情

境,之后和他们一起动手做比萨。教师先引导幼儿在面团上抹上黄油(用黄色水彩笔涂色),然后放上红色的火腿和绿色的青椒(撕贴彩纸),最后放在烤炉里烘烤,直至四周微焦(用咖啡色水彩笔画边缘)。就这样,孩子们沉浸在"小厨师"的角色中,享受着制作过程的快乐。

2. 游戏情境

《纲要》指出:"幼儿园教育要以游戏为基本活动,寓教育于各项活动之中。"从某种意义上说,幼儿的各种能力是在游戏中获得的。游戏并不只是一种童年特有的快乐的活动,它同时也是一种对幼儿成长、发展和学习有价值的活动,能为促进幼儿身心全面发展提供最优的条件。因此,将幼儿美术教学纳入游戏范畴,正是为了对幼儿进行全方位、多学科的综合培训。在美术活动中创设游戏情境就是把教学过程设计成一个游戏,让幼儿的绘画过程与游戏融为一体。

要让幼儿的美术活动成为他们喜欢的游戏,看似简单,实则不然。教师不仅要在导入环节设置游戏情境,更关键的是如何在活动过程中保持游戏、推进游戏的开展,从而完成活动目标。为此,教师应从以下三个方面保障游戏情境的创设。

(1)根据题材设计游戏。要做到这一点,教师需要根据题材本身的特性设计相关联的游戏。比如,"云朵面包"一课就围绕"做面包"这一游戏情境来设计,"沙发下面藏着什么"这一课就以"藏猫猫"为游戏情境来设计。

(2)教师自身融入游戏。教师在游戏情境的创设中起着决定性的作用,如果教师置身游戏之外,幼儿的游戏就无法开展。还以"云朵面包"这一活动来说,幼儿在活动中就是学做面包、想吃面包的"小猫",教师就是带领幼儿制作面包的"猫妈妈",没有"猫妈妈"的带领,"小猫"就无法融入到情境中,无从做起。

(3)教师的指导要运用游戏化的语言。在教师指导过程中,游戏化语言的运用是推进游戏的关键因素。比如,在"踏青"的绘画活动中,教师创设了和孩子们一起"春游踏青"的游戏情境。他们一起在纸上模仿着各种角色,用脚的不同部位酣畅淋漓地踏来踏去:大狮子来踏青(用全脚踏),踏出的是一簇簇的青草;老奶奶来踏青(用脚后跟踏),踏出的是一串串黄色的迎春花;小兔子来踏青(用脚尖踏)……为了让"踏"的印迹更丰富,教师没有把全脚踏、脚跟踏、脚尖踏等方式作生硬的规定,而是用游戏化的语言让幼儿在情境中自然领悟,使得幼儿的创作

更加生动有趣。

3. 故事情境

几乎每一个孩子都有一个充满故事的童年，孩子不仅喜欢听故事，而且还会在聆听故事时产生丰富的画面联想。因此，将故事情节进行加工设计，把美术活动与故事情境融为一体，就成为教师常常运用的一种教学方法。

近年来，优秀绘本的不断丰富，为幼儿"画故事"提供了源源不断的素材。绘本以其精致优美的画面、生动精练的语言、天真诗意的情节、丰富的人文精神抓住了爱幻想的幼儿的心灵。同时，绘本所采用的油画、撕贴、印染、拓印等丰富的表现手法，蕴藏着众多可供借鉴的优秀的美术资源。美术活动与故事情境的融合，就是让故事与创意美术美丽邂逅、相互交融，使孩子们在欣赏、感知、体会故事的基础上，融入自己独特的体验和独特的想象，创作属于自己的故事。

比如，"美丽的桃花"是一个传统的美术话题，教师在开展这个活动时通常只是用语言导入："春天来了，美丽的桃花开了，我们用小手点出美丽的桃花吧！""桃花"在我们成人眼里千姿百态、芬芳四溢，是春天的"天使"，但孩子们感兴趣的是洋洋洒洒飘落的花瓣，那里面藏着孩子无限的遐想和童话般的故事。绘本《桃树下的小白兔》顺应了孩子的这种天性。书中，小白兔将桃花瓣儿送给它的朋友们，桃花瓣儿在这里有了生命，成为温馨友情的象征。因此，教师可以以绘本故事为线索，设置这样的故事情境："小白兔把桃花瓣都寄给了谁？它们用桃花瓣做了什么？小白兔好想再拥有一颗大桃树，把更多的桃花瓣寄给朋友们，现在我们就来帮它实现这个愿望吧！"之后，教师可以带领孩子泼画树干、倒画树枝、添画小动物如小花猫、小蜜蜂、毛毛虫、小蜗牛等。在这个故事情境中，孩子们不再单纯地为画而画，而是传达友情、学习社会性交往。

总之，情境是幼儿园美术活动中的润滑剂。教师创设身临其境的生活化情境，可以再现幼儿已有的生活经验，激励幼儿"乐"画；创设丰富有趣的游戏情境，可以让幼儿在"玩"中用美术的手法表达表现，激励幼儿"善"画；创设生动形象的故事情境，可以让幼儿体验创作过程的快乐，激励幼儿"敢"画。尽管这些情境的创设没有固定的模式，但良好的教学情境会让幼儿走进生命的艺术殿堂，用属于他们自己的方式去体验美、表现美、创造美。

案例呈现 1

小班：我爱洗澡

设计意图 >>>

在炎热的夏季，洗澡是很多孩子们的最爱。佐佐木洋子的绘本《洗澡》描述的就是一只小熊快乐洗澡的整个过程：洗一洗、搓一搓、冲一冲，一只干净的小熊出现了。幼儿美术专家李慰宜说过："回归生活的美术活动是最具生命力的。"本次活动正是将美术内容巧妙地融于幼儿生活，借助"淋"身体、"涂"肥皂、"冲"干净的洗澡过程来帮助幼儿完成人物造型，让幼儿在洗澡的生活情境中体会绘画的快乐。

活动目标 >>>

(1)尝试用干湿画法表现人物洗澡的情景。

(2)有控制地表现封闭的圆，尝试将圆和线条组合创造人物造型。

(3)感受洗澡的快乐，愿意做爱洗澡、讲卫生的好宝宝。

重难点 >>>

有控制地表现封闭的圆；运用创造性符号大胆表现人物造型。

活动准备 >>>

经验准备：幼儿都有洗澡的生活体验；欣赏过佐佐木洋子的绘本《洗澡》。

材料准备：课件《小熊洗澡》、8开铅画纸、黑色油画棒、炫彩棒、水粉、水粉笔、清水。

活动过程 >>>

1. 小熊来洗澡——绘本导入，激发兴趣

师："小朋友还记得故事中的熊宝宝是怎样洗澡的吗？"播放课件，启发幼儿回答。

小结：小熊宝宝先用水冲湿身体，然后涂肥皂、搓一搓，最后用清水冲洗干净。它还在浴缸里玩起了泡泡，真舒服啊！

2. 我也来洗澡——师幼联手，共同示范

(1)师："小朋友洗澡的时候是怎样淋湿身体的？"教师引导个别幼儿示范，按照淋湿头、淋湿身体、淋湿手、淋湿脚的步骤画出身体。

(2)师："我来给小朋友涂肥皂吧！"教师示范，用炫彩棒做香皂在身体的周围

画螺旋线。

(3)师:"用清水把肥皂冲干净!"教师和幼儿共同示范,用水粉笔蘸清水涂抹炫彩棒画出的螺旋线,从而产生炫彩棒融水的效果。

3. 大家一起来洗澡——洗洗画画,体验乐趣

(1)师:"先来冲湿身体、淋湿头、淋湿身体、淋湿胳膊、淋湿腿,别忘了冲冲小手和小脚。"教师用形象的语言引导幼儿用黑色油画棒画出自己的身体。

(2)师:"涂肥皂了,把全身都打上肥皂,搓出泡泡!"引导幼儿在身体周围画出螺旋线。

(3)用"冲一冲"的情境引导幼儿用水粉笔蘸清水涂抹。

4. 洗澡真快乐——说说跳跳,感受快乐。

播放《我爱洗澡》的音乐,在愉快的气氛中结束活动。

作品欣赏 >>>

我戴着游泳圈洗澡,因为我不会游泳,戴上游泳圈就不怕了。

图 3.1

我画的眼睛在头上。我在洗澡的时候眼睛进了水,就闭起来了。鼻子里有脏东西啊,一定要洗一洗。

图 3.2

洗澡的时候,我发现妈妈的头发变长了,妈妈说是理发店的阿姨给接的,我也要接头发。

图 3.3

教学思考 >>>

生活情境,让创作变得生动美好

生活是创作的源泉,生活能让创作变得生动美好。"我爱洗澡"这一活动就充分验证了这一观点。通过分析教材,教师认识到本活动的难点是让幼儿有控制地表现封闭的圆,尝试将圆和线条组合创造人物造型。因此,如何让枯燥的画人物变得充满趣味就成为这一活动的关键。

活动中,教师借助绘本《洗澡》中小熊快乐洗澡的情景,结合孩子的生活经验和孩子们一起梳理洗澡的过程,然后巧妙地将绘画与洗澡的过程互相融合来完成教学。

(1)"淋"身体——用黑色油画棒画出自己。幼儿作画时,教师可用这样的语言进行指导:"先洗洗头,再洗洗脸,洗洗身体,还有哪里没有洗到呢?眼睛、鼻子、耳朵都要洗哟!最后,洗洗小手和小脚。"教师运用富有情境性的语言引导幼儿边画边关注细节部分,从而帮助幼儿轻松自如地描画出人物的外部形态。

(2)"涂"肥皂——用炫彩棒涂抹泡泡。教师运用绘本故事中的语言来吸引幼儿:"搓搓头,泡泡泡泡;搓搓肚子,泡泡泡泡;搓搓小手,泡泡泡泡……"生动有趣的绘本语言激发了幼儿强烈的创作欲望。孩子们稚嫩的口唇中滚动着"泡泡泡泡"的声音,小手挥动着五彩斑斓的画笔,在故事情节中旋转着、跳跃着……如同一串串跳跃的音符生动而流畅。

(3)"冲"干净——用水粉笔涂抹清水,将炫彩棒的颜色晕染开,产生渲染的效果。

整个活动将幼儿生活中洗澡的过程与绘画完美结合,从而完成人物形态的描绘。此时,孩子们在创作中享受着生活的美好,在生活情境中享受着创作的乐趣,创作因此变得生动有趣。

小班:西北风

设计意图 >>>

初冬季节,人们已经能明显感受到西北风的寒意。孩子们开始惧怕寒风,不愿意参加户外活动。于是,教师创设了和风婆婆、冬爷爷做游戏的情境,让幼儿通过涂鸦表现西北风,在游戏的情境中赋予西北风以人物角色、性格、情感等,感受绘画

的乐趣，增强战胜寒冷的信心。

活动目标 >>>

(1) 能大胆地画出线条表现西北风并添画五官。

(2) 感受绘画的乐趣。

重难点 >>>

能大胆地画出线条表现西北风并添画五官。

活动准备 >>>

经验准备：幼儿户外体验风吹的感觉。

材料准备：16开纸，黑色、红色水粉，炭笔。

活动过程 >>>

1. 通过谈话活动，回忆讲述已有经验

师："刚刚我们在院子里感受到了风，风是什么样子的？冬天的风吹起来是什么感觉？"

2. 玩游戏学画画，进行添加想象

(1) 玩游戏"刮大风"，自由画风。

师："老师变成冬爷爷，小朋友们当风婆婆。当冬爷爷开始吹大风的时候，风婆婆就要在纸上'刮风'了。当冬爷爷回家的时候，风婆婆就藏起来了。"

在游戏的情境中，幼儿边画边玩。冬爷爷一出现，幼儿就躲在桌子下面、椅子后面。冬爷爷吹大风时，幼儿就快速地涂鸦线条。有趣的游戏激发了幼儿极大的绘画热情，让他们充分体验到涂鸦的快乐。

(2) 启发想象，变出风婆婆。

师："风婆婆就藏在你们纸上的'风'里，看看它的头在哪儿？眼睛、鼻子、嘴巴在哪里？风婆婆会把什么东西吹来呢？"引导幼儿观察想象并大胆添画。

(3) 添加其他人物。

师："风婆婆把树叶、纸片、小沙石都吹起来了，你们怕不怕风婆婆？"引导幼儿说出自己的想法。

师："我们都是勇敢的小朋友，不怕风婆婆，都来锻炼身体吧！"引导幼儿在画面上添加锻炼身体的小朋友，以及被风吹起的树叶和沙石。

第三章 教学方法创意——让美术童趣盎然

3. 欣赏讲述作品

师:"你画的风婆婆在干什么?你是怎样做的?"

作品欣赏 >>>

风婆婆飞来了。它吹来了黑色和红色的沙石,吹得人们好冷。我们不怕冷,锻炼好身体,不怕风婆婆。

图 3.4

好厉害的风婆婆,刮起呼呼的大风,遮住了太阳,可是我们一点也不怕。

图 3.5

教学思考 >>>

生活体验,让无形变有形

风,看不见、摸不着,只闻其声不见其影。如何让孩子将无形的东西以有形的方式呈现出来呢?情境的巧妙运用是活动开展的有效依托。教师精心设置的情境让风变得有形、有趣。

活动前,教师通过让孩子在户外真切地体验风吹的感觉,为孩子画风做好了经验方面的准备。在导入环节,谈话活动唤醒了幼儿已有的经验,让他们在活动前获得的真切体验在这里得到了充分的交流。接下来,画风的环节更是还原了幼儿的生活体验。教师将冬天和风拟人化为冬爷爷和风婆婆,既符合小班幼儿的认知规律,又贴近他们的生活实际。在这样的游戏化情境中,孩子们一静一动、一松一弛,在玩玩画画中激发了创作激情,丰富了情感体验。添画环节,"风婆婆来了"

85

的情境又吸引孩子继续投入创作，添画眼睛、嘴巴、飞沙、走石和不怕冷的小朋友。

本次活动的目的不仅仅是画风，而是要让幼儿懂得不怕冷，积极锻炼身体的重要。那么，用什么办法可以打败风怪兽，让自己暖和起来呢？孩子们想出了很多战胜寒冷的办法：穿棉袄、吃热热的饭菜、吹暖风、做运动……孩子的思维随着画面的丰富而变得更加灵动。

小班：云朵面包

设计意图 >>>

绘本《云朵面包》讲述了一个关于家的温馨故事：下雨天的清晨，一朵小小的云挂在了树枝上，孩子们非常好奇，小心翼翼地把云朵抱回了家。妈妈将云朵做成面包，吃了面包的他们竟然像云朵一样飘了起来！

教师以绘本故事为线索，设置游戏情境，和孩子们一起谈面包、做面包、吃面包，将美术表现方法与故事情境有机地结合起来，让孩子们在游戏中充分地体验美术活动的乐趣。

活动目标 >>>

(1) 尝试运用多种材料，粘粘、撕撕、喷喷，制作云朵面包。

(2) 大胆创作，感受制作的快乐。

重难点 >>>

大胆运用多种材料，粘粘、撕撕、喷喷，制作云朵面包。

活动准备 >>>

经验准备：幼儿阅读绘本《云朵面包》，参观面包店。

材料准备：《云朵面包》的课件、一次性餐盘、即时贴、棉花、各色彩纸、毛线、喷壶等。

活动过程 >>>

1. 谈面包

教师以猫妈妈的身份带领孩子进入教室，点击课件中绘本的封面，问："猫妈妈把小云朵做成了什么？它们吃了面包怎么样了？我们也来做神奇的云朵面包吧！"借助图片引导幼儿看一看、谈一谈，由此导入故事情境。

第三章 教学方法创意——让美术童趣盎然

2. 做面包

（1）找云朵——进入故事情境。

师："我们的教室里也飘进来好多小云朵，找找它们藏在了哪里？"教师将棉花团提前放在教室安全的角落里，鼓励孩子在教室中每人找一片"云朵"。（见图3.6）

（2）揉面——团棉花、粘棉花。

师："和猫妈妈学习揉面吧！揉一揉，放点水，再揉一揉，揉好的面可以放在盘子里。"教师带领孩子一起来揉棉花，做面包。（见图3.7）

（3）加工——添加不同材料。

①欣赏面包。播放各种面包的图片，引导幼儿观察面包的形状、颜色，为创作做准备。

②添加佐料。师："面包房里有很多原料，给面包加上佐料吧！"教师借助添加洋葱丝、火腿的情境，用彩色纸示范撕长条、撕圆形的技巧，鼓励幼儿用多种颜色的手工纸大胆地撕出蔬菜、水果、火腿等。（见图3.8）

③喷果酱。师："这里还有好吃的番茄酱呢！让小喷壶站好，小手握住小把手，对准面包喷一喷，自己制作的面包就更好吃了。"

教师示范喷壶的用法，鼓励幼儿用装有多种颜色的果酱瓶给面包喷上各种"果酱"。（见图3.9）

（4）烤面包——欣赏同伴的作品。引导幼儿将面包放到事先准备好的"烤箱"

妈妈，我也找到了小云朵！

图3.6

加点水，揉一揉，我们也来做云朵面包。

图3.7

放一片火腿，添一个荷包蛋，这些都是我爱吃的。

图3.8

烤一烤。

师:"面包烤好了,说一说你的面包是什么味道的,你最喜欢谁做的面包,为什么?"教师用情境性的语言引导孩子欣赏讨论同伴的作品。(见图3.10)

加一点草莓酱,加一点蓝莓酱,我的面包最好吃。

图3.9

放进烤箱烤一烤,味道好极了!

图3.10

3. 吃面包

师:"吃了云朵面包的小猫会怎样呢?这么好吃的云朵面包你会送给谁吃呢?"在吃面包、分享面包的游戏情境中结束活动(见图3.11、图3.12)。

面包烤好了,咬一口,真香!

图3.11

吃了云朵面包,我也飘起来了!

图3.12

教学思考 >>>

教属于孩子的美术

游戏是孩子的最爱。游戏中,幼儿容易沉浸于想象的世界,把自己当成游戏中的角色;幼儿常把自己假想的事情当做真实的事情,把动物或事物拟人化,觉得没有生命的物体也会说、会动、会想。本次活动,教师正是抓住了幼儿的这一特点而组织的。

活动一开始，教师就带领幼儿进入小猫的世界里："猫妈妈把小云朵做成了什么？我们也来做神奇的云朵面包吧！""我们的教室里也飘进来好多小云朵，找找它们藏在了哪里？"教师提前藏在教室角落里的棉花，立刻成为孩子竞相寻找的目标。由此可见，孩子们已经进入到情境中了。

"和猫妈妈学习揉面吧！揉好的面可以放在盘子里。"孩子们像模像样地揉面，兴奋之情溢于言表。"面包房里有很多原料，给面包加上佐料吧！"这时，各色的纸片在孩子们眼中是红红的辣椒、绿绿的生菜、长长的胡萝卜、好吃的火腿……孩子们灵巧的小手一会儿撕出长条，一会儿撕出圆片，"撕"的技巧融于情境中，自然无痕。

烤面包了，小手是不能碰热热的烤炉的。烤面包的过程恰好成为孩子们欣赏讨论的时机。"真香啊！这是巧克力面包、火腿面包……口水都要流出来了！"面包烤好了，孩子们迫不及待地"品尝"着面包。在童话的意境中，孩子们也像云朵一样轻盈地飘了起来。

整个活动过程从谈面包、做面包、烤面包到吃面包，孩子们沉浸在游戏情境中，享受着快乐！这才是属于孩子们的美术。

中班：等等，等等

设计意图 >>>

绘本《等等，等等》讲的是海底的动物争吃一个小鱼饵的故事。画面中的动物一个比一个大，一个比一个厉害。作者用简单的点线、鲜艳的块面构成动物夸张的造型，再加上故事中的对话简单重复，深深地吸引了幼儿。在欣赏了小鱼、赤魟、刺鲀等各种海底动物来吃鱼饵之后，幼儿对位于"等等"两端的动物特点有了深刻的认知。由此，教师创设了"谁又来吃鱼饵了"这一故事情境，让幼儿撕贴、添画、想象，续编哪两个动物来抢食鱼饵，于是涉及丰富想象的创作开始了。

活动目标 >>>

（1）用撕贴的方法表现出各种海底动物，添画它们身体的花纹。

（2）能用完整的语言描述自己创作的故事画面，体验续编故事的乐趣。

重难点

能把撕出的块面添加想象成海底动物。

活动准备

经验准备：观察认识海洋动物；有线描花纹的绘画经验。

材料准备：各种彩色纸张、浆糊、水粉、棉签，每人一张8开蓝色卡纸。

活动过程

1. 师幼共同讲述绘本，引出主题

(1) 引导幼儿利用故事中的重复语句"嘻嘻！这东西归我了"和"等等，等等"与老师共同回忆故事。

(2) 提出问题："如果鱼饵没有收起来，还会有哪个厉害的动物来抢鱼饵呢？"引导幼儿想一想，说一说。

2. 设置问题，激发幼儿创作

(1) 师："想一想，先来的动物和后来的动物哪个更厉害？"

(2) 师："怎样用一张纸片撕出一个海底动物呢？"

3. 以幼儿为师，请幼儿"指导"撕纸

(1) 师："这里有一张纸，我想用它来撕一个海底动物，谁能当我的老师，帮我变出这个动物呢？

(2) 师："我要让这个动物足够大，该怎么撕呢？"

(3) 师："我听你们的话，结果忘了撕出鱼鳍和鱼尾，要再撕一个，该怎么做？"

教师放下身份，反过来以幼儿为师，意在激发幼儿主动思维的积极性。同时，教师故意犯错，忘记撕出鱼鳍和鱼尾，可以提醒幼儿撕纸的要点。

4. 幼儿创作，教师巡回指导

指导时的关键问题：

● 撕纸的时候，别忘了小动物的鳍和尾。

● 添画粘贴好的动物，用花纹、眼睛等表现动物的特征。添加水草、泡泡、珊瑚等相关背景，丰富画面。

5. 分享故事，体验创编的快乐

教师将幼儿的作品装订成新绘本，和幼儿一起说说讲讲。

第三章　教学方法创意——让美术童趣盎然

师："什么动物又来吃鱼饵了？它哪里更厉害？这个动物是怎么把前面的动物吓跑的？它会说什么？"

作品欣赏 >>>

大海豚说："等等，等等，肉是我的！"章鱼害怕地逃走了，一边走一边说："我的肉……"

图 3.13

水母要准备吃的时候，大鲨鱼说："等等，等等，肉是我的！"

图 3.14

章鱼张大嘴正准备吃肉，一只挥舞着大钳子的大龙虾说："等等，等等！"

图 3.15

教学思考 >>>

续编故事让美术创作更精彩

幼儿天生爱听故事，也有着成人难以超越的创编能力。根据绘本《等等，等等》的故事内容，教师创设了"谁又来吃鱼饵了"这一故事情境，让幼儿进行续编。

"想一想，又有哪只厉害的海洋动物跑来了？它是怎样吓跑前面的动物的？"教师提出的创作要求，让幼儿的创作激情始终保持在故事情境中。

师："这个动物块头好大，它是什么？很厉害吧？"

幼1："它是大龙虾，它有两只大钳子，很厉害！"

师:"这只章鱼这么小,一定吃不到肉。"

幼2:"这是一只胆小的章鱼,本来马上就吃到肉了,但是它听到一种可怕的声音:'等等!''等等!'一听到声音,它就跑远了。"

师:"它可真胆小,还没看清怎么回事就跑远了。"

幼3:"我发现水里的小鱼都很胆小,只要有一点儿声音,一下就跑远了。"

……

在这里,故事情境和创意想象相互依托,故事情境是创意想象的源泉,创意想象又支持了故事的发展。故事情境与创意想象巧妙融合,让幼儿的美术创作更加精彩。

中班:桃树下的小白兔

设计意图 >>>

画桃花,是传统美术教学中常见的内容,怎样赋予这一传统内容以新意呢?绘本故事《桃树下的小白兔》成为解决这一问题的媒介。故事中,小白兔把美丽的桃花瓣儿当做信使为朋友们送去祝福和快乐,这引人入胜的情境深深地吸引着孩子们。于是,教师以绘本故事为线索,创设了帮助小白兔再拥有一棵大桃树的情境,消除了传统美术中"为画而画"的弊端,赋予画桃花爱的情感,带领孩子在有趣的玩色活动中尽情地去感受、表现桃花的美丽!

活动目标 >>>

(1)尝试用水粉笔点画桃花,表现桃花的不同形态,体验玩色的乐趣。

(2)感受并表达关爱他人的情感。

重难点 >>>

用水粉笔表现桃花的不同形态,感受并表达关爱他人的情感。

活动准备 >>>

经验准备:幼儿有过赏花的体验;欣赏过绘本《桃树下的小白兔》。

材料准备:有关桃花的课件;棕色、粉红色、朱红等颜料,水粉笔,抹布,油画棒,长条纸,背景音乐。

活动过程

1. 绘本导入,激发幼儿的创作欲望

师:"小白兔把桃花瓣儿都寄给了谁?它们用桃花瓣儿做了什么?小白兔好想再拥有一棵大桃树,把更多的桃花寄给朋友们,现在我们就来帮它实现这个愿望吧!"

2. 师生合作,泼画树干

(1) 幼儿自由泼色。

幼儿四散蹲在纸的周围,手持棕色、黑色、深绿水粉自由泼洒,大胆地表达自己的发现,并体验玩色的乐趣。

(2) 教师参与泼色。

师:"这么好玩的游戏,我也来玩玩,我要把小朋友的小桃树变成一棵大桃树!"此环节通过教师泼色来改善幼儿泼色、玩色中的不足,帮助幼儿完成整个画面的构图。

(3) 师生合作倒色。

师:"我们让大树干长出更多的小树枝来吧!这边伸出根小树枝,那边长出个小树杈……"

师生合作倒色,让颜色自然流淌,引导孩子们从中感受色彩的流淌变化。

3. 欣赏、点画桃花

(1) 欣赏桃花。

师:"怎样让空空的大树上长出美丽的桃花呢?桃花是什么样子的?"播放图片,引导幼儿观察桃花的结构、形状、颜色,为作画做准备。

(2) 讨论画法。

师:"这些美丽的爱心花瓣儿,你觉得怎样画好呢?"启发幼儿自由讨论并个别尝试。

(3) 教师示范。

师:"我要把桃花瓣儿送给小熊,告诉它我们这里的春天很暖和。"教师边说儿歌边演示:"小画笔,穿新衣,笔尖戴红帽,笔身穿粉袍,盘边挡一挡,纸上去舞蹈,1、2、3、4、5,一朵桃花开。"引导孩子在轻松有趣的情境下掌握桃花的画法,从而解决活动的重点。

(4) 幼儿作画，教师指导。

①师："我们画的桃花是最美的，粉嘟嘟、甜蜜蜜，就像一个个美好的心愿，一定能帮助到小白兔。"教师引导幼儿尝试用红、粉两色水粉点画桃花，展现桃花怒放、含苞待放以及花瓣飘落的不同姿态。

②师："有的桃花喜欢你挤着我、我挨着你，亲亲热热；有的桃花喜欢独自开放，自我欣赏；有的伴随着春风飘飘洒洒，尽情舞蹈。"教师用诗一样美的语句引导幼儿尝试调整画面的疏密布局。

4. 添画动物，丰富画面

师："小白兔会把桃花瓣儿寄给谁呢？"激发幼儿想象，用黑色、黄色油画棒添画小动物。

5. 作品讲评，提升经验

师："小白兔把桃花瓣儿寄给了谁？它们都做什么了？"先让幼儿自由交流，再集体交流，最后教师进行故事小结，从而让孩子在讲评中学会欣赏、大胆表达、提升经验。

作品欣赏 >>>

图 3.16

第三章 教学方法创意——让美术童趣盎然

教学思考 >>>

爱心花瓣

绘本《桃树下的小白兔》以小白兔送花瓣为线索,讲述了一个"爱"的传递的故事。教师将绘本故事与画桃花的美术活动结合起来,以爱心花瓣为情感线索设置情境,使画桃花有了情感意义和价值,让幼儿不再是单纯的为画而画。

活动一开始,教师就提出了活动要求"小白兔好想再拥有一棵大桃树,把更多的桃花寄给朋友们,现在我们就来帮它实现这个愿望吧!"有意义的童话情境,激起了孩子玩色的欲望。

之后,带着爱的信念,教师带领孩子们泼画树干、倒画树枝,让孩子们充分地感受"泼"画的魅力,领略色彩流淌的自然韵味。点画桃花时,教师巧妙地通过儿歌示范让孩子轻轻松松地掌握了点画的技法。孩子们边画边富有童真地说:"我要把桃花瓣儿送给小熊,告诉它我们这里的春天很暖和。""我要把桃花瓣儿送给我妈妈,让她天天有个好心情。""我要把桃花瓣儿送给小白兔,让它不要那么辛苦。"

在指导孩子安排疏密布局时,教师运用童话的语言,启发孩子们表达表现:"有的桃花喜欢你挤着我、我挨着你,亲亲热热;有的桃花喜欢独自开放,自我欣赏;有的伴随着春风飘飘洒洒,尽情舞蹈……"孩子在点画桃花时体验了美。

最后,孩子们共同欣赏、分享自己创作的大桃树。这时,作品中每一片花瓣儿都充满了浓浓的情意。

在有意义的童话情境中,在爱心花瓣的围绕下,孩子们从欣赏中感知了美,从操作中体验了美,从帮助别人的过程中享受了美。这不正是我们美术教育最终追求的价值所在吗?

大班:母鸡萝丝去散步

设计意图 >>>

绘本《母鸡萝丝去散步》中,华美的装饰纹样、生动的角色动态、完美和谐的色彩都是良好的美术教学元素。选取什么元素更适合幼儿呢?教师发现在幼儿阅读故事的过程中,灵活多变的狐狸成为他们最感兴趣的形象。随着故事情节的发展,幼儿不断地揣摩狐狸的心理,模仿狐狸的身姿变化,情绪也随着狐狸的不同遭遇

而变化,他们已经完全沉浸在故事情境中。由此,教师引导幼儿观察并学习借鉴狐狸的各种姿态,设计了此次活动。

活动目标 >>>

(1) 能创编情节,并运用撕贴、想象的方法表现狐狸在不同场景中的姿态。

(2) 体验一边创编故事一边创作的乐趣。

重难点 >>>

重点:观察狐狸在不同场景中的姿态,能运用撕贴、想象的方法创编情节。

难点:能较恰当地表现狐狸的不同姿态。

活动准备 >>>

经验准备:幼儿欣赏过绘本,熟悉画面及故事情节。

材料准备:课件,撕好的橘红色纸,不规则的、大小不同的黄色和绿色纸片,双面胶,棉签,黑色颜料。

活动过程 >>>

1. 回忆故事,引导幼儿讨论、模仿

(1) 回忆故事,引导幼儿讨论狐狸和母鸡谁更有趣,为什么。

(2) 引导幼儿观察狐狸的不同姿态:"狐狸在干什么?什么样子?你能学一学吗?"鼓励幼儿模仿狐狸的动作。

2. 创设情境,组织幼儿分组创作

(1) 创设情境。

师:"狐狸不甘心,每天散步的时候都要出来碰运气。猜一猜,它又会遇到谁?在哪里碰到的?会发生什么事情呢?"引导幼儿创编、想象故事情节以及狐狸的姿态。

(2) 鼓励幼儿尝试用纸片拼摆狐狸的姿态。

师:"用橘红色的纸做身体和尾巴,摆一摆,试一试,狡猾的狐狸正在做什么?头朝哪个方向?身体是怎样的?"

(3) 分组活动,边续编故事边创作。

① 4人一组,共同商定一个狐狸遇到的动物。

② 师:"狐狸遇到它以后,会发生什么故事呢?"引导小组内每个幼儿创编故事。

③鼓励幼儿选择合适的纸片，把狐狸的样子和小动物的样子摆出来，粘贴以后再进行添画。

④添加背景：用黄色和绿色的小色块纸进行背景拼贴并添画。

3．引导幼儿结合创作讲述故事

（1）请小组内的每个幼儿讲一讲自己创编的故事，并尝试把四个小故事串联起来，组成一个完整的故事。

（2）小组派代表讲故事，与其他小组分享创作。

作品欣赏 >>>

饿着肚子的狐狸东张西望找东西吃，一扭头，它发现一只小猫。

图 3.17

狐狸悄悄走过来，用它的大尾巴向小猫抽过去，小猫把身子团成球，躲了过去。

图 3.18

等狐狸的尾巴落下来的时候，小猫猛地往上一跳，站到了狐狸的背上，狐狸没办法，只好乖乖地投降了。

图 3.19

教学思考

情动于中而形于外

《母鸡萝丝去散步》是孩子们非常喜欢的一个绘本故事，相信每一位欣赏过这个绘本的读者都会对其浓郁的装饰效果留有深刻的印象。华美的图案、柔和的色调以及狐狸灵活的身段……这些美好的元素都被一个幽默的故事连在一起，成为良好的美术欣赏教材。怎样将这些优秀的素材合理地运用到我们的美术教学中呢？以此绘本生成的美术活动，大都是以欣赏或模仿画面中的装饰纹样为教学内容，重在发展幼儿的绘画技能，而较少关注幼儿的兴趣和情感的需要。

如何在美术活动中更尊重幼儿的表达，关注幼儿的情感需要呢？在设计这个美术活动的时候，教师做了以下思考，力求在美术教育中做到情感与技能的和谐统一，并取得了良好效果。

(1) 从幼儿的情感需要出发，选择作画内容。在和幼儿共同阅读故事的过程中，教师发现幼儿最感兴趣的是狐狸这个形象。随着故事情节的发展，幼儿在为母鸡命运担忧的同时，更为狐狸费尽心机却又无法得逞而感到庆幸。幼儿的情绪随着狐狸的不同遭遇而不断变化，并不由自主地模仿起狐狸的各种动作和表情。所以，在设计活动的过程中，教师从幼儿的兴趣和情感需要出发，把表现狐狸在不同情境中的姿态作为教学内容。

(2) 引导幼儿观察多变的动态，激发他们的创作欲望。绘本画面中，狐狸和母鸡这两个角色的身形姿态形成了鲜明的对比：狐狸的身姿灵活多变，而母鸡萝丝则始终保持固定不变的昂首阔步向前行的样子。为了让幼儿对狐狸的神态了解得更加深刻，教师挑选绘本中最典型的三个不同姿态的狐狸让幼儿观察并模仿，为下一步创作奠定基础。

(3) 巧妙运用小组合作，满足幼儿的创作需求。大班幼儿合作意识较强，已不再满足于独自创作，尤其是在欣赏了一系列的狐狸与母鸡的故事画面后，他们完全有能力进行接龙式的创作。因此，在本次活动中，为了满足幼儿的合作需求、提高他们的创作兴趣，教师采取了分组的形式，请每个小组的幼儿共同确定一个狐狸遇到的动物角色，添画可能发生的故事。这种共同创作连环画的形式让每个幼儿都积极主动地参与到活动中。幼儿之间相互商量，相互学习，活动现场气氛

活跃。作品完成后，教师请幼儿在小组内讲述自己的作品内容，然后通过分析将作品进行排序，形成一个完整的故事连环画，最后在集体面前展示、讲述。这种新颖的讲评方式满足了幼儿的自我表现欲，使他们获得了成功感。最后，幼儿创作的狐狸形象令人忍俊不禁，合作创编的故事生动有趣，绝不逊色于绘本故事。

情动于中而形于外。我们的美术教育活动只有顺应幼儿的需求，从幼儿的特点和需要出发，选择适宜的内容和教学方法，让技能学习和情感培养达到和谐统一，才能引起幼儿的共鸣，激发幼儿主动参与的意识，才能使幼儿的绘画作品充满灵动的神韵。

大班：踏青

设计意图 >>>

当春天的第一抹新绿出现的时候，孩子们在老师和家长的带领下一起去郊游、踏青，尽情感受花儿绽放的美丽、聆听小鸟欢快的歌声……踏青给孩子们带来无限的快乐。以往的美术活动中，教师都会让孩子们用手去"画"春天。这次，教师决定让孩子们用脚去"踏"春天。一个"踏"字，足以让孩子们跃跃欲试。活动中，教师首先创设游戏情境，引领孩子们用深浅不同的绿色、黄色"踏出"春天的色彩，体验"踏"色的乐趣；在此基础上，运用借形想象，描绘春天的景色，从而使孩子们在"踏青"的游戏情境中感受美、发现美，创造性地表现美。

活动目标 >>>

(1) 借助踏出的色块进行借形想象，展现春天的景象。

(2) 体验玩色的乐趣，萌发对大自然的热爱之情。

重难点 >>>

重点：自由玩色并借助踏出的色块进行借形想象，展现春天的景象。

难点：用不同的踏法玩色，感受色彩的疏密、层次。

活动准备 >>>

经验准备：孩子们有踏青的体验；欣赏有关春天的文学作品，丰富对春天的感性认识。

材料准备：绿、黄、蓝色等水粉颜料，鞋套，粗细不同的棉棒，背景音乐。

活动过程 >>>

1. 谈话导入，激发幼儿创作的欲望

师："小朋友和爸爸妈妈在春天一起去踏青时，发现了什么？有什么好玩的？今天，我们一起来玩踏青的游戏。"

2. 扮玩伴，和幼儿一起"踏青"，快乐玩色

(1)教师扮演大狮子，示范全脚踏，并引导幼儿观察踏出的像什么。（青草）

(2)讨论踏法："还有哪些不同的踏法？"从而启发幼儿用脚后跟、脚尖、脚外侧等方法玩色。

(3)用儿歌的方式梳理提升各种踏法。

>   大狮子来踏青，全脚踏踏踏，踏出青草一簇簇；
>   老奶奶来踏青，脚跟踏踏踏，踏出迎春花一串串；
>   不倒翁来踏青，脚外侧踏踏踏，踏出小河哗啦啦；
>   小兔子来踏青，脚尖踏踏踏，踏出桃花一朵朵。

(4)幼儿分组"踏青"，教师用儿歌引导，帮助幼儿体验乐趣。

3. 借形想象，勾画春天

(1)示范：教师用棉棒蘸黑色颜料为一个完整的色块勾线，并引导幼儿观察想象："看一看，勾出的色块像春天的什么？"师生合作，根据物体形象添加花纹，表现形象。

(2)师："踏青时，你发现了哪些春天的景色？"教师引导幼儿将"踏青"色块勾线并借形想象。

4. 欣赏讲评，分享踏青的快乐

(1)师："你找到的春天的秘密是什么？和你身边的好朋友讲一讲。"

(2)教师以诗歌小结，让孩子们在创作之后再次体验春天的美丽。

第三章 教学方法创意——让美术童趣盎然

作品欣赏 >>>

小狗在草地上玩球。
图 3.20

春天到了，我看到池塘里有好多漂亮的鱼儿游来游去。
图 3.21

教学思考 >>>

扮玩伴共同创作

孩子们喜欢在有趣的情境中画画，尤其是游戏情境更能有效地激发孩子的创作动机和欲望。如何让设计的情境得到有效的实施呢？在活动过程中，教师自身要沉浸在情境当中，当孩子的玩伴，让孩子感受到游戏的"真实"，信其真才能投入其中。

本次活动中，踏色时，教师身先示范、参与其中，"穿"上绿色的鞋子，扮成威武的大狮子去踏青，用全脚踏、踏、踏，踏出了一簇簇的青草。在"大狮子"的带动下，孩子们跃跃欲试，用脚蘸上自己喜欢的颜色，然后用脚跟，脚尖，或脚外侧，在纸上自由地踩踏……转眼间，生机盎然的巨幅"油画"——《春天》便诞生了。深浅不同的绿色、蓝色、黄色，重重叠叠，深浅错落，每一处的色彩都体现着孩子热爱自然之情。踏色游戏中，师生共同体验着合作踏色的乐趣，感受着色彩的层次变化。

在整个游戏情境中，因为有教师的参与，小朋友更能享受活动的乐趣。这时，教师是幼儿的玩伴，是他们的朋友，更是游戏活动的推动者。

经验分享 2

技能，授鱼变授渔

《纲要》指出："艺术要避免仅仅重视表现技能或艺术活动的结果，而忽视幼儿在活动过程中的情感体验和态度的倾向。"作为幼儿园一线教师，践行和落实《纲要》这一精神，并不是一件容易的事情。在幼儿园美术教学活动中，教师常常会遇到这样两种情况：其一，幼儿对美术活动有兴趣、有想法，但什么也画不出来，当幼儿向老师寻求帮助说"老师，我不会画"时，教师往往一味地遵循"避免重视技能"这一原则，回应孩子说："你们想怎么画就怎么画。"这样，就导致幼儿因本身所具备的技能技巧不足，不能满足旺盛的创作欲望的问题。其二，幼儿在教师的高度控制下，思维和表达受限。教师常常有这样的指导语言："这里要画得直直的才好看"、"这里用深绿色再涂一遍"、"这里不要再添画了，再添就太满了"……诸如此类的仅仅着眼于技能技巧和画面效果的教学指导，使得幼儿成为成人控制下的"小画匠"，尽管画面效果突出，但幼儿的思维和表达受到限制。正如台湾学者陈武镇所说："美术教育是一把双面的刀刃，教得多了，儿童极易成为教学内容与教师偏好的奴隶，难以挣脱，有本事挣脱亦已深受其害；教得少了，期待自然开花结果，却常见幼儿为技巧不足所苦，学习过程空有刺激而没有收获。"

那么，如何处理好美术技能、表达表现、创造力发展等各方面的关系呢？如何将必要的美术技能巧妙地渗透于教学活动中呢？在尊重孩子发展能力和规律的前提下，因势利导、适时点拨、变授之以鱼为授之以渔，已成为一线教师关注的焦点。

1. 遵守幼儿绘画能力发展的"秩序"，让幼儿自然成长

卢梭说过："大自然希望儿童在长大以前就要像儿童的样子，如果我们打乱了这个秩序，就会造成一些早熟的果实，他们长得既不丰满也不甜美，而且很快会腐烂。"幼儿绘画能力的发展必然受到年龄的制约，有其内在发展的"秩序"，遵守"秩序"，不破坏"秩序"，是幼儿园美术教学非常重要的一环。

那么，幼儿期绘画能力发展的"秩序"是怎样的？教师又该怎样做呢？

（1）涂鸦阶段。小班幼儿的绘画能力一般处在涂鸦阶段。这一阶段的主要特点是：幼儿主要用线条来表达自己的想法，线条比较杂乱，看不出画的是什么，很

多情况下只使用一种颜色。根据这一特点,教师在指导时应掌握这样的要领:首先,即使幼儿的作品看起来像是在乱画,也要多表扬、鼓励,让孩子充分地涂鸦。其次,当孩子完成作品之后,教师要注意就作品内容多多地与他们进行交流。最后,教师在指导幼儿时,要以幼儿的水平与他们共同绘画。

比如,在"好吃的冰激凌"这一绘画活动中,教师试图教幼儿用自上而下的螺旋线来表示冰激凌,而在实际的创作中,小班幼儿却像商议好了一样,基本不用老师的方法,而多以圆形涂鸦来创作,并且是自下而上涂鸦,以表现冰激凌的制作过程。出现这种现象,源于幼儿的创作本真。由此可见,尊重幼儿的特点,不以成人的意志强行教授,是多么的重要。

(2)象征阶段。小班下学期和中班时期的幼儿,其绘画能力一般处在象征阶段,这一阶段幼儿绘画的典型特征就是抽象地表现人和物。幼儿常依靠观察、技艺和想象将自己的生活感受用创造性象征符号表现出来,它反映出幼儿的认知过程,是一种符号化的智慧在发展中的表现。教师在引导幼儿绘画时应把握这样的要领:首先,尊重幼儿成长、发展的规律,适宜引导。其次,多听听幼儿赋予画面的象征意义,这样不仅有利于锻炼幼儿的语言组织、表达能力,更重要的是有助于促进他们在认知、情感等方面的发展。最后,可以给幼儿几种颜色,让幼儿在探索中"发现"色彩之间的秘密,并开始感受色彩搭配的协调与对比,从而初步帮助他们形成色彩审美构架。

(3)形象阶段。五六岁幼儿的绘画能力一般处在这一阶段。这一阶段幼儿绘画的特点是:其一,反复绘画某一事物或主题。比如,有些女孩会经常画小公主的形象,有些男孩会经常画奥特曼、恐龙、汽车的形象等。其二,印象深的东西画得大。在表达自己的想法与某种事物时,这个年龄段的幼儿一般会很直觉地根据自己对事物的印象和感受去画,因此很多事物就会画得很夸张但又很生动。教师在指导时,首先,要用语言启发幼儿,帮助他们打开想象的空间。其次,要多注意与幼儿谈他画面的内容。最后,要鼓励幼儿通过绘画表达自己对别人的感情。

美术教育中,不应成为"为了未来的果实宁愿牺牲花朵"的教育。如果我们用成人的方式教孩子如何画画,就违背了幼儿绘画的自然成长规律,剥夺了幼儿认识事物的好奇心与乐趣,阻碍了幼儿成长所需的最重要的学习和发展能力。因此,教师应顺应幼儿的成长发展规律，让孩子们自然地成长。

2. 变授之以鱼为授之以渔，让幼儿的创作丰富生动

尊重幼儿的年龄特点和发展规律，并不是一味地顺其自然。教师要用幼儿能够理解和掌握的方式，将美术技能巧妙地融于教学活动中，帮助幼儿更好地感受美、表现美、创造美。

（1）语言讲解。美术技能有一些抽象的内在规律，如何将这些规律传授给幼儿，语言在此往往能起到很好的中介作用，将"抽象"变为"具象"。比如，在画圆时，幼儿对"画弧线"及"封口"这些技能不能真正地理解，教师可以采用"小点点找朋友"的情境，利用情境性语言帮助幼儿理解："点点转着圈圈找朋友，找到朋友拉拉手。"情境性语言能引起幼儿围着圆圈找朋友的经验联想，使他们画圆时能认真地转圈，封口时能小心翼翼地"拉拉手"。

（2）示范。在幼儿园美术教学活动中，示范作为一个颇具争议的问题，用"好"和"坏"简单地来评价过于武断。示范只要不作为一个一成不变的模式去影响幼儿的创作，在美术教学中就能发挥积极的作用，同时也是培养幼儿美术能力的有效途径。

①直接示范。在使用各种工具材料时，教师泛泛地用语言进行介绍，幼儿很难明白。比如：向幼儿介绍如何使用油画棒进行各种涂色，如何使用毛笔作画，等等。遇到此类问题，教师可以直接示范各种作画工具的使用方法。在进行了初步的尝试之后，幼儿可以在以后的作画过程中积累使用工具的经验。

②儿歌示范。儿歌语言简练、朗朗上口，非常符合孩子的语言发展特点，因此教师在美术教学中的重点环节使用儿歌能起到事半功倍的效果。比如在小班"热带鱼"活动中，教师使用儿歌——"大拇哥、二拇弟、中三弟、四小弟、五小妞妞，按一按，美丽的小鱼游来了"来引发幼儿的兴趣，让幼儿的拓印变得更轻松、更有意义。

③动作体验。幼儿喜欢动作模仿，体验式学习让幼儿更容易接受。比如，在"蚂蚁运西瓜"活动中，表现蚂蚁的各种动态是孩子们学习的难点，如果老师面面俱到地示范讲解蚂蚁运西瓜的各种动作，就会限制孩子的创作，使得作品千篇一律。为了有效地解决这一难点，教师和孩子在充分欣赏绘本作品的基础上，引导

幼儿用动作模仿体验小蚂蚁的不同动态。幼儿在充分体验的基础上，所创作的作品内容丰富生动、富有情趣。再比如，在"全运健儿了不起"的美术活动中，教师可以先让孩子通过比较区分每一个比赛项目的运动特点，然后在"向全运冠军学习"的情境中，把画纸假设为运动场馆，引导孩子先以头为中心，以变魔术的方式，改变身体的不同方向，掌握不同动态的人：头朝下，身体在上的；正面的；侧面的。通过简单的动作体验，让幼儿明白了怎样表现运动员的不同动态。

④举三反一。在中班上学期学习用不同的线条装饰造型时，幼儿在感受直线、城墙线、锯齿线、螺旋线等基础上，教师出示了多幅由不同线条组合的范画。最后，孩子们的创造表现各异，组合多样，没有出现和范画一样的作品。因此，在幼儿绘画经验较少的情况下，教师有时候需要为幼儿提供多种经验，让幼儿"举三反一"。

⑤幼儿示范。示范不是教师的特权，幼儿与幼儿之间可以有更多的契合点。在美术教学过程中，适当地让幼儿示范，更能激发其他幼儿创作的欲望与动力。比如，在活动"好吃的冰激凌"和"踏墨借形想象"中，合理地穿插幼儿的示范，使得幼儿的创作更简单、生动。

⑥局部示范。4岁以后，随着幼儿独立造型能力的迅速提高，幼儿按照完整示范的顺序画出图像变得轻而易举，但这样做容易使幼儿不加思索地模仿，进而失去创造力。此时，教师的示范可从完整示范转变为局部难点的示范。

由此可见，技法不是知识，而是一种能力，更是一种思维。教师需要做的就是将技法学习转化为幼儿的一种能力。

案例呈现 2

小班：好吃的冰激凌

设计意图 >>>

小班上学期，在鼓励幼儿大胆涂鸦的同时，让涂鸦变得有控制，推动幼儿去创造更多的形象，是这一时期的主要任务。小班幼儿都有吃冰激凌的经历，对他们来说，印象最深刻的莫过于眼巴巴地看着冰激凌螺旋状地落到甜筒上的制作过程。借助这一体验，教师设计了本节活动，意在借助体验推动幼儿创造各种冰激

凌的形象。

活动目标 >>>

(1) 按照自己的意愿，用不同的涂鸦方式表现冰激凌。

(2) 大胆作画，体验涂鸦的乐趣。

重难点 >>>

用不同的涂鸦方式表现冰激凌。

活动准备 >>>

有关冰激凌的PPT；事先与孩子粘贴好有甜筒的画纸；各色水粉、水粉笔、抹布等。

活动过程 >>>

1. 猜谜导入，引发兴趣

师："夏天有很多好吃的东西，有一种东西甜甜的、凉凉的、滑滑的，它会是什么呢？"

2. 欣赏图片，感知特点

(1) 师："你最喜欢哪个冰激凌？为什么？"

(2) 师："它是什么颜色的？"

(3) 师："它可能是什么味道呢？"

3. 主动探索，尝试作画

教师利用情境启发引导："这里有许多冰激凌奶油（白色水粉颜料），我们一起来做冰激凌吧！"

(1) 幼儿尝试制作圆球形冰激凌。

教师引导："这个冰激凌是什么样子的？它是怎么做出来的呢？谁愿意来做一个这样的冰激凌？"

（在这里，孩子们已经产生了浓厚的制作冰激凌的兴趣。怎样开始第一个冰激凌的创作呢？把这个机会给孩子是最恰当不过的了。这样做不仅顺应了孩子创作的需求，更重要的是，孩子已经能够完成圆形冰激凌的涂鸦，如果再由老师来示范，就有包办之嫌了）

(2) 幼儿尝试制作螺旋形冰激凌。

师:"这是一个什么样的冰激凌?它是怎么做出来的呢?"(引导幼儿用小手书空画螺旋形,并请个别幼儿示范展示)

(虽然螺旋形的涂鸦比起圆形涂鸦有一定难度,但教师仍然不要急于示范。涂鸦,是孩子所特有的绘画方式,成人无论如何也模仿不来。教师在这里的作用就是做观察员。如果示范的幼儿画得小了,可以鼓励他画得大一些;如果所画形象偏差太大,可以补充作画)

4. 幼儿制作,教师指导

(1)请幼儿按自己的意愿大胆地涂鸦制作冰激凌。

教师指导:要求幼儿颜料要蘸足,制作球形冰激凌时要把颜料涂满、涂匀;制作螺旋形冰激凌时,要注意画的方向和形状。

(2)添加不同口味的奶油。

教师出示各种颜色的水粉颜料,引导幼儿添画:"你想做什么口味的冰激凌呢?黄黄的是柠檬味,绿绿的是苹果味,你最喜欢什么口味呢?"

(这一时期的幼儿,开始喜欢各种颜色。在制作冰激凌的情境中,颜色和口味是关联在一起的,孩子会自然地认为:红色的颜料是草莓味道的,咖啡色的颜料是巧克力口味的。教师一定要鼓励幼儿自主选色)

5. 展示作品,欣赏讲评

(1)请幼儿介绍自己制作的冰激凌是什么样子、什么味道的。

(2)引导幼儿学会分享,知道冰激凌不能多吃。

作品欣赏 >>>

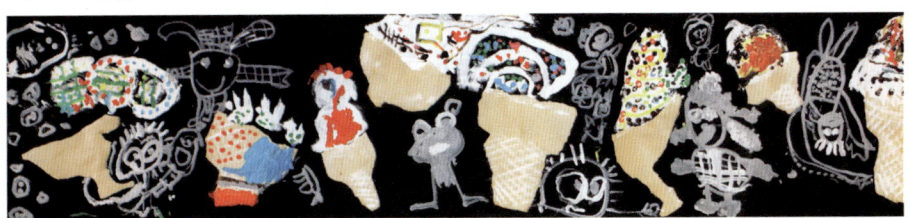

幼儿A:我的冰激凌是草莓牛奶味的。
幼儿B:我的是混合口味。
幼儿C:我的是蓝莓味的。
幼儿D:我的冰激凌味道最特别,是辣椒味的。你们一定没吃过。

图3.22

教学思考 >>>

示范，不是教师的特权

"清凉美味的冰激凌谁都喜欢吃，可是你们知道冰激凌是怎样做出来的吗？"孩子们的回答是这样的："把甜筒放好，一按冰激凌制作机的按钮，白白的冰激凌就会流到甜筒中，一个好吃的冰激凌就做成了。"孩子们回答得多好啊，可是教师在和孩子们共同制作冰激凌的过程中，却绕了一个大大的弯。

(1) 前期活动——示范绘画出差错。在教授绘画冰激凌时，教师将示范环节巧妙地融进了儿歌。儿歌是这样的："小画笔真淘气，带上奶油去散步，转转转过山车，绕绕绕小迷宫。咦！变出一个螺旋型的冰激凌！"儿歌的利用激发了幼儿绘画的兴趣，同时把冰激凌的绘画方法解释得非常清楚。

再看孩子们的绘画表现：有的幼儿是从冰激凌的顶端开始画起，有的幼儿随意作画，而有的幼儿无从下手……教师明明将冰激凌的制作方法讲解得清楚明白了，为什么会出现幼儿无从下手的情况呢？一个幼儿的回答让教师茅塞顿开："冰激凌不是从上往下做的，是从下往上做的。"真的是一语惊醒梦中人，教师不合乎常规的冰激凌的制作方法（从上往下示范）打乱了幼儿对冰激凌制作的已有经验。当教师的讲解与幼儿的已有经验产生矛盾时，幼儿就变得无所适从了。

(2) 后期活动——同伴示范解难题。顿悟后的教师重新调整教案。在制作冰激凌的示范环节，让孩子教孩子，很好地激发了孩子的创作欲望。当个别幼儿面对其他幼儿尝试示范的时候，教师发现他真的就是从甜筒的底部画起的。同伴的示范激起了其他幼儿绘画的强烈愿望，他们纷纷拿起画笔尽情地制作自己喜欢的不同形状、不同口味的冰激凌，再添加上喜欢吃冰激凌的小朋友，一幅生动有趣的长卷冰激凌便跃然纸上。

孩子们都有一双明亮的眼睛，有着超强的观察力和洞察力，教师应该认可孩子的能力，让同伴间的示范成为孩子共同学习的方法。

小班：春游去

设计意图 >>>

春游是孩子的最爱，扑面而来的春色、满山遍野的嬉戏声……这些深刻的体

验一定会带给孩子无尽的遐想。

小班幼儿已经能用简单的图形和线条描绘人物形象，他们笔下的"蝌蚪人"已经能够初步地表情达意。同时，这一阶段的孩子开始对颜色感兴趣，开始选择自己喜欢的颜色来表现事物。尊重孩子的选择，鼓励孩子本真地选色，是教师要特别注意的。同时，这一时期，幼儿绘画的构思过程极不稳定，容易转移，也容易受他人的影响。因此，游戏情境的创设和积极的鼓励引导，对于这个年龄段的孩子来说是非常重要的。

活动目标 >>>

(1) 尝试运用版画的形式表现春天美丽的色彩。

(2) 感受作画的快乐。

重难点 >>>

重点：运用色彩和人物表达春游的情景。

难点：掌握版画的正确操作方法。

活动准备 >>>

KT板、宣纸、版画笔、刷子、各色水粉颜料。

活动过程 >>>

1. 回忆春游的经历，聊春天的色彩

师："你到哪里去春游了？春天是什么颜色的？"引导幼儿根据已有的经验交流春天的色彩。

2. 小画笔去春游，寻找春天的色彩

(1) 以"小画笔去春游"为情境，用美妙的语言引导幼儿用版画笔在KT板上随意地刻画线条。

引导语：小画笔去春游，来到小河边向小鱼招招手，来到草地上向小草问个好，爬上小山坡和春风抱一抱，小画笔真开心！

(2) 以"春天的色彩"为情境，示范操作步骤。

①教师边讲解边用各种颜色在KT板上示范涂色：小画笔看到了春天的色彩，红的桃花，白的梨花，蓝色的天空……

②拓印版画。将宣纸盖在涂好色的KT板上，从上到下、从左到右抹平。

(3)幼儿学习以版画的形式表现春天的色彩。

（这里的版画创作虽然仅仅是简单的色彩的转印，但对于小班的孩子来说是有操作难度的。怎样解决这一难点呢，教师准确的示范比任何形式的语言讲解都有效）

3．欣赏春天的色彩，添画春游的故事

引导语：春游的时候发生了什么故事呢？把它画下来吧！

幼儿自由添画春游的相关事物、人物。

（很多老师可能会认为，画人是这个活动中的关键，于是会在这个环节采用各种办法教孩子画人，这是不可取的。春游的经历，是以不同的印象存在于每个孩子的头脑中的，教师教画就把可贵的不同变得相同了）

4．赏《春游图》，聊春游的故事

作品欣赏 >>>

小朋友们手拉手去春游，丁丁拉着我使劲往前跑，我后面的小朋友都快跟不上了！

图 3.23

风吹过来，把我们的头发都吹得向后飘去。春天了，怎么还这么冷呢？

图 3.24

教学思考 >>>

让"蝌蚪人"自然长大

3—6岁孩子笔下的人物被形象地称为"蝌蚪人"。从头部人像、头足人像、头体二足人像一直到穿衣人像,反映了孩子绘画水平的发展。很多教师容易走进这样的误区:过早地教小班的孩子学画穿衣人像,以显示自己所教的孩子绘画水平很高。其实不然,众多的儿童美术专家告诉我们:如果在这个时期教给孩子如何画画,就会剥夺孩子认识事物的乐趣,甚至会挫伤孩子认识世界的积极性。成人如果这样做,就是阻碍孩子获得成长所需的学习和发展的能力,没有比这更严重的罪过了。

在"春游去"的活动中,孩子笔下的蝌蚪人是自然天成的。教师也因此清晰地看到,孩子绘画水平的发展是参差不齐的。有的孩子还在用头部人像来表示人物;有的孩子笔下的蝌蚪人已经长出了单线条的腿和胳膊;有些孩子画出了双线条的腿和胳膊;也有的画出了简单的穿衣人像。除去家长教画的痕迹,教师依然看到了孩子原生态的绘画发展水平。

孩子是有差别的,但每个孩子都有自己的成长序列。作为教师,我们不可能教出整齐划一的孩子。所以,遵循孩子的成长规律,让孩子笔下的蝌蚪人自然长大吧!

小班:热带鱼

设计意图 >>>

多种形式玩色活动的开展,可以增加小班幼儿对美术活动的兴趣。车轮滚画、瓶盖印画、喷画、泼画、滴画等都是深受孩子喜爱的玩色活动。在众多的玩色活动中,借孩子的小手玩色,是最方便的一种方式。本次活动,教师不但选取了用手印画这种方便有趣的作画方式,在引导孩子作画的方法上也是独具匠心。它借助有趣的故事情境,采用儿歌的方式让幼儿轻松愉快地印画。

活动目标 >>>

(1)能用小手涂抹颜色印画出各种动态的热带鱼。

(2)体验手印画的乐趣,能大胆创作。

幼儿园美术活动创意设计

重点难点 >>>

尝试印出不同形态的热带鱼。

活动准备 >>>

经验准备：幼儿课前欣赏过动画片《海底总动员》和各种热带鱼的图片。

材料准备：各色水粉，水粉笔，棉棒，黑色长条纸。

活动过程 >>>

1．谈话导入，激发兴趣

师："你们都喜欢看《海底总动员》吗？在热闹的海洋学校里，你最喜欢哪些热带鱼呢？"

2．观察色彩，儿歌示范

(1) 欣赏图片。师："这些美丽的热带鱼都是什么颜色的？"

(2) 示范涂色。师："现在，瞧我来变魔术，我要用手变出美丽的热带鱼。你们瞧，手掌是鱼头，画上大大的鱼眼睛，穿上漂亮的花衣服，一道蓝色、一道黄色。手指两边也要穿好衣服哦！"

(3) 儿歌示范印画："大拇哥，二拇弟，中三娘，四小弟，五小妞妞，按一按，压一压，美丽的鱼儿游来啦！"

（在教师的示范中，简单的语言讲解不容易引起幼儿的兴趣，而巧妙运用儿歌可以起到事半功倍的效果。在这里，儿歌将小手拓印的过程清晰地呈现出来，避免了幼儿的随意而为）

3．操作表现，印画小鱼

(1) 指导幼儿在手上涂各种相间的颜色，印画朝不同方向游泳的小鱼。

师："小鱼喜欢穿上不同花纹的衣服（提示幼儿选用喜欢的颜色），在水里游来游去。有时候，它们成群结队地向前游（提示拓印鱼时的画面布局）；有时候，它们会面对面地碰到一起（提示拓印鱼时的不同造型）。"

(2) 启发幼儿添画水草。师："小鱼喜欢和水草玩耍，瞧，水草跳起了扭扭舞。"提示幼儿添画曲线形的水草。

4．讲评交流，共同分享

引导幼儿相互交流，大胆讲述。师："海洋学校真热闹，你的小手让小鱼做什

么了？这是一条穿什么衣服的小鱼？"

作品欣赏 >>>

幼儿A：太阳出来了，很多小鱼使劲往上游，要去晒太阳。
幼儿B：我的小鱼穿上绿衣裳，在水草中玩捉迷藏，小黄鱼找不到它。

图 3.25

教学思考 >>>

巧妙的儿歌讲解

　　用小手拓印是小班常见的玩色活动，但是孩子们自由拓印的结果往往不甚理想，通常是小手压不实，印出的色块不完整。于是，在这个玩色活动中，教师运用儿歌示范印画："大拇哥，二拇弟，中三娘，四小弟，五小妞妞，按一按，压一压，美丽的鱼儿游来啦！"教师边说儿歌边用另一只手按压相对应的手指，既省却了无意义地重复讲解，又将拓印的难点巧妙地解决了。孩子们印出的小鱼色彩均匀、形象完整、姿态各异、生动有趣，流露着孩子性情的纯真和烂漫。教师创编的儿歌，深受孩子们喜欢。以至于后来在用卷心菜拓印牡丹，用油菜根拓印玫瑰花等活动中，孩子们也会不自觉地念起来："大拇哥，二拇弟……按一按，压一压，美丽的花儿开放了！"

　　在这里，教师富有创意和童趣的儿歌对孩子来说不仅是一种活动支架，更是一根点燃创造力的火炬。这样的教学让幼儿的创作轻松自然。

中班：蚂蚁和西瓜

设计意图 >>>

俯身在操场上，观察蚂蚁运粮的样子，是孩子们最享受的事情。《蚂蚁和西瓜》这本图画书更是把孩子观察蚂蚁的经历提升到了妙趣横生的地步。书中，一群小蚂蚁运用各种方式运西瓜：用小铲子铲西瓜，搭爬梯运西瓜，咬紧牙齿拖西瓜，两两合作搬西瓜……拟人化的动态和勤劳、聪明、团结合作的精神深深地吸引并感染着幼儿。顺应幼儿的经验和兴趣，《蚂蚁和西瓜》的活动就产生了。

活动目标 >>>

(1) 尝试在撕贴的基础上，大胆添画蚂蚁的不同动态。

(2) 感受创作的乐趣，体验合作的快乐。

重难点 >>>

重点：添画蚂蚁不同的动态，体验合作创作的乐趣。

难点：能表现出蚂蚁的不同动态。

活动准备 >>>

经验准备：熟悉绘本故事内容；生活中对蚂蚁有过细致的观察和了解。

材料准备：棕色碎卡纸、淡绿色1开大纸2张、记号笔、浆糊、KT板、可供撕贴的西瓜图纸。

活动过程 >>>

1. 回忆绘本，导入活动

利用绘本《蚂蚁和西瓜》中蚂蚁吃西瓜的情节，激发孩子创作的兴趣。

师："这几天我们都在研究蚂蚁，图书区里还多了好几本关于蚂蚁的书，我们今天就再来看一看《蚂蚁和西瓜》这本书。"

2. 幼儿体验，教师讲解

(1) 观看绘本图片，引导幼儿关注蚂蚁形态。

①师："你看到的小蚂蚁是怎样运西瓜的？谁来学一学？"幼儿模仿蚂蚁吃西瓜的动态。重点引导幼儿观察并模仿一只抱着西瓜啃的蚂蚁、一只侧面背西瓜的蚂蚁和两只蚂蚁合作抬西瓜的形象。

②师："如果你是一只小蚂蚁，你会怎样运西瓜？"引导幼儿创造性地表现蚂蚁的动态。

（从模仿绘本中蚂蚁的动态到创造性地表现蚂蚁的动态，生动的动作体验是幼儿创作的源泉，为幼儿表现不同姿态的蚂蚁做好了铺垫）

（2）讲解材料用法，幼儿尝试添画蚂蚁的动态。

①教师选择两块棕色纸，分别撕出蚂蚁的头和身体。

②教师运用变魔术的办法粘贴出蚂蚁的身体姿态。

魔术一：头不动，变换身体的位置，姿态不一样的蚂蚁就出现了。

魔术二：先确定身体的位置和姿态，变化头的位置，小蚂蚁也有和别的蚂蚁不一样的姿态。

（变魔术教给孩子的不是蚂蚁运瓜的一种或几种姿态，而是教给孩子一种表现蚂蚁不同姿态的方法，这样的方法让孩子创作的小蚂蚁千变万化）

③运用儿歌引导幼儿添画出蚂蚁的动态。

教师用儿歌引导："小手小脚弯一弯，怎么弯？眼睛嘴巴动一动，怎么动？触角触角翘一翘，向哪边翘？可爱的小蚂蚁就动起来。"以此提示幼儿掌握蚂蚁五官和四肢的画法，增加作画的趣味性。

（运用儿歌示范，能够把示范要点概括清晰地讲解清楚，也能提高幼儿的创作兴趣，但并不是一首儿歌就能解决所有示范问题。活用儿歌，增强儿歌与幼儿的互动，能更好地发挥儿歌的作用。在这里，教师利用"小手小脚怎么弯，眼睛嘴巴怎么动，触角向哪儿翘"等问题增强儿歌与幼儿的互动，激发了幼儿创作的主动性）

3. 幼儿操作，教师指导

（1）创设新情境，鼓励幼儿大胆想象。师："草地上又出现了一块大西瓜，小蚂蚁又会怎样吃西瓜呢？"

（2）师："每一只小蚂蚁都很能干，想出了各种办法运西瓜。小蚂蚁很善于合作呢，团结起来力量大。"教师利用情境提出创作要求，引导幼儿创作。

（3）师："小蚂蚁把西瓜运到了蚂蚁洞，蚂蚁洞是什么样子的呢？"引导幼儿撕出蚂蚁洞，丰富完善画面。

4. 展示作品，分享创意过程

（1）幼儿相互欣赏并交流自己的创作。

（2）教师讲评提升幼儿的经验，帮助他们感受合作的快乐。

作品欣赏 >>>

幼儿A：我的小蚂蚁爬到西瓜上，用铲子挖西瓜。
幼儿B：我的小蚂蚁是个大力士，一次能搬两块大西瓜。
幼儿C：西瓜太大了，很多蚂蚁爬不上去，这两只小蚂蚁就去找来了梯子。

图 3.26

教学思考 >>>

动作模仿为创作奠基

在幼儿园美术教学中，技能的传授方法多种多样，或儿歌讲解，或巧妙示范，或丰富经验……众多的方法之中，利用幼儿的动作体验增强作品的创造性不失为一种很好的选择。

上述活动中，表现出蚂蚁的不同动态是活动的重难点所在。因此，教师剪辑了绘本中拖、背、抬等几个典型的蚂蚁动态图片，引导幼儿观察、模仿。

"小蚂蚁是怎样运西瓜的？谁来学一学它的样子？"

"这只小蚂蚁不光牙齿在用力，小腿也蹬紧了，真有劲！"

"谁能学小蚂蚁来表演合作运西瓜呢？"

"他们搬的这块西瓜一定太大了，压得身子都弯了。"

在经验的驱使下，孩子们饶有兴趣地表现着蚂蚁运西瓜的千姿百态。

体验是最好的老师。生动的动作模仿不仅活跃了教学氛围，也巧妙地解决了活动的重难点。

中班：水彩鱼

设计意图 >>>

进入中班，多种作画形式对幼儿来说有趣又新奇。幼儿在小班进行过画鱼的活动，到了中班教师决定引导幼儿采用水彩颜料创作鱼。用毛笔蘸水彩画鱼，能够很好地表现热带鱼绚丽多彩的特征，同时也能让幼儿充分地感知水彩晕染的美。

活动目标 >>>

(1) 尝试用毛笔绘画热带鱼。

(2) 体验水彩晕染的特有美感，感受毛笔作画的乐趣。

重难点 >>>

尝试用毛笔蘸水彩画热带鱼。

活动准备 >>>

经验准备：观看图书或动画片，对热带鱼的生长环境有所了解，并产生兴趣。

材料准备：毛笔（小、中、大号各一支），8开水彩纸若干，水彩、墨汁、清水，各种热带鱼的图片，废旧报纸。

活动过程 >>>

1. 借助情境性语言引导幼儿尝试使用毛笔，感受毛笔的特点

(1) 浸泡毛笔。师："小毛笔要洗澡，我们来帮帮它。洗洗笔尖，捏捏身体，让毛笔变得软软的。"

(2) 引导幼儿在废旧报纸上练习中锋勾画。师："毛笔翘着脚慢慢走，留下细细的脚印。"

(3) 指导幼儿练习侧锋涂色。师："毛笔真能干，弯下身子擦擦地。"

2. 在情境中引导幼儿观察图片，了解热带鱼的特征

师："小毛笔到海边去旅游，碰到了很多好朋友，看看它们是谁？热带鱼的身体像什么？穿着什么颜色的衣服？身上有什么漂亮的花纹？"

3. 运用"毛笔为热带鱼画像"的情节，完整示范热带鱼的画法

(1) 师："怎么能让毛笔画出细细的轮廓线和花纹？"引导幼儿尝试后，教师边演示边讲解："毛笔站站好，立起脚尖慢慢走，画出细细的轮廓和花纹。"

（2）师："怎样给热带鱼穿上漂亮的衣服？"幼儿再次尝试后，教师边演示边讲解："毛笔真能干，弯下身子擦擦地。"

（3）师："鱼儿离不开水，给小鱼做个大池塘吧！"教师演示并讲解："小鱼要来做客，我们把池塘刷干净。"

（毛笔的使用，对于中班的孩子来说，是有一定难度的。在幼儿初次或很少使用毛笔的情况下，幼儿大胆自主地练习和教师借助情境完整地演示，让难点顺利地得到解决。很多老师认为完整的讲解示范容易造成幼儿雷同的创作，怎样解决这一问题呢？在这个活动中，一方面，教师示范时注意讲解方法；另一方面，教师巧妙地在欣赏图片上做文章，示范后将画过的图片悄悄地藏起来，而把其他图片提供给幼儿，不一样的创作自然就产生了）

4. 提供各种图片，指导幼儿创作

重点指导：不要忘记小鱼离不开水。这样指导的目的，在于提醒幼儿要保证画纸是湿的。

5. 欣赏、评价作品

（1）师："你觉得你画的热带鱼哪里最特别？它生活在一个什么样的海底世界里？"

（2）师："你最喜欢哪一条热带鱼？为什么？"

作品欣赏 >>>

图 3.27

图 3.28

第三章 教学方法创意——让美术童趣盎然

图 3.29

图 3.30

教学思考

该示范时就示范

幼儿美术教学中的讲解示范，是指通过教师直接的规范操作演示，使幼儿迅速地把握作画步骤、表现图像的基本方法，是美术教学中一个重要的环节。然而，近年来教师们为了保护幼儿的想象力常常不敢轻易地进行讲解示范。那么，什么时候教师应该进行讲解示范呢？

水彩画是中班孩子刚刚接触的一种作画形式。毛笔的用法以及打湿纸面进行创作的形式，如果教师单纯地用语言来提示，是很难让形象思维突出的中班幼儿理解的。所以，教师应该采取示范讲解的方法帮助幼儿完成本次活动。

为了让幼儿能够理解水彩画的画法，教师在直接完整示范的同时，配以生动的语言讲解，帮助幼儿较好地掌握了毛笔及水彩画的作画技法。比如，讲解勾画轮廓时，用"踮起脚尖慢慢走"的比喻，让幼儿懂得中锋作画的要点。讲解毛笔涂色要点时，用"弯弯腰，擦擦地"的解释，让幼儿懂得压弯毛笔涂色的方法。在打湿画纸的环节，仅仅靠讲解也是很难让幼儿理解的。有了教师的示范，加之"别让鱼儿离开水"的生动情境，教学难点迎刃而解。

由此可见，美术活动中如果涉及美术的技法，诸如光、色的处理及用笔、用色的方法时，教师就应该做到"该示范时就示范"。当幼儿对这些技法产生了直觉印象、了解了基本的操作方法后，他们就可以大胆地、自由地去想象创作了。

幼儿园美术活动创意设计

大班：拓墨借形想象

设计意图 >>>

拓墨借形想象就是把洒在纸上的墨汁用抹布大面积地拖开，根据墨迹来想象创作的一种作画方式。在孩子的生活和经验里，各种各样的动物是他们最熟悉的，保护动物也是孩子们最关注的。因此，本次活动就以不规则的墨迹为媒介，让孩子通过想象、添画，在墨迹上表现动物的形象。同时，借助美术活动萌发孩子保护动物、热爱动物的情感也是本次活动的目标之一。

活动目标 >>>

(1) 运用从不同角度借形想象的方法，将拓墨色块添画成小动物的形象。

(2) 表达保护动物的情感，体验创作的乐趣。

重难点 >>>

将拓墨色块添画成小动物的形象。

活动准备 >>>

经验准备：幼儿有拓墨借形想象的经验和丰富的动物知识。

材料准备：棉签、8开纸（拓印好的墨块）、各色水粉、白色素描纸。

活动过程 >>>

1. 故事导入

(1) 师："动物是我们的好朋友，你最喜欢什么小动物？为什么？"

(2) 讲述巴巴爸爸和动物的故事。

师："巴巴爸爸一家都很喜欢动物，建了一个动物避难所，可是，总是有一些不怀好意的人想来欺负那些动物。巴巴爸爸给动物们喝了一种神奇的药水，喝了药水之后，动物们全都变成了黑黑的影子，那些不怀好意的人看不见动物们就走了。但是，喝了药水的动物怎么变回来呢？最喜欢画画的巴巴伯自告奋勇地说：'嗨！大家看我的！'只见巴巴伯拿出小画笔，把动物的影子变成了一只只小动物，这么多的影子，巴巴伯忙坏了，大家快来帮帮他吧。"

2. 教师示范不同的借形想象方法

教师展示拓墨色块，启发幼儿学习用不同的方法进行想象。

(1) 师："这是谁的影子？像什么动物呀？"学习整体借形想象。

（"像什么"的问题，答案不是唯一的。教师应尊重孩子的不一样，给孩子充分的肯定和赞赏，激发孩子更好地想象）

(2) 师："把纸转一转，换个角度看又像什么动物呢？"启发幼儿从4个不同的角度观察想象。

（从不同的角度去观察，就给了孩子一个展开想象的方法。有了这个方法，任何杂乱的色块在孩子眼里都是有生命的）

(3) 师："巴巴伯提出解救小动物的要求：先找出动物的大眼睛，再添画上斑纹或羽毛。"

（一个还处于孩子想象中的动物，如果有了眼睛，其形态就已经呼之欲出了。所以，先画眼睛，就是教师教给孩子的又一个方法）

3．幼儿创作，教师指导

(1) 师："你解救的是什么动物？它怎么了？发生了什么事？"

(2) 师："这是什么小动物的影子？救出了小动物，你会怎样照顾它呢？"

(3) 指导幼儿添加有关情节的背景，能合理搭配色彩进行装饰。

4．欣赏讲评作品

(1) 幼儿自评。

(2) 教育幼儿要像巴巴爸爸一家一样，爱护动物，和动物做朋友。

作品欣赏 >>>

我解救了一只小猫，我给它洗澡，给它化妆，带它去参加宴会。

图 3.31

我解救了一只小企鹅,我和它一起跳摇摆舞。

图 3.32

这是一条八爪鱼,我给它穿上五彩的衣服,送它回大海。

图 3.33

教学思考 >>>

授之以渔,让孩子的创作不一样

"美术"一词中的"美"是美感、体验,"术"是技术、表现,二者必须和谐统一。因此,教给孩子一定的技能是必要的,但教师应力求教得无痕、教得艺术。上述活动中,为了让幼儿更好地完成借形想象,教师主要运用了以下两种方法进行指导。

(1) 变换角度,启发点拨。一个不规则的色块,如果仅仅从一个角度去观察,就很容易造成幼儿的趋同心理,同时会给幼儿造成想象的难度。幼儿可能会说:"我看不出它像什么。""它什么都不像!"变化角度去观察,不仅降低了难度,给了幼儿更多想象的可能,也活跃了幼儿的思维,打开的是幼儿的求异心理。

有了"换个角度想问题"的方法,幼儿不仅会应用在接下来的创作中,还很有可能应用在他将来的生活中。

(2) 举一反三,画龙点睛。在借形想象添画的过程中,教师以故事中巴巴伯的口吻来提出解救小动物的要求:"先找出动物的大眼睛,再添画上斑纹或羽毛。"这里的要求不是硬性的规定,而是一种方法。这种方法帮助幼儿找到了想象的关键,降低了想象的难度,有举一反三、触类旁通之效。

这就是我们所追求的"授之以渔"。

经验分享3

指导,潜心释童心

华东师范大学叶澜教授说过:"课堂应是向未知方向挺进的旅程,随时都有可能发现意外的通道和美丽的图景。"在幼儿的美术创作中,指导就是教师带着对孩子的尊重和欣赏走进童心,寻找惊喜和美景的过程。"关注生命的教学才能立住脚跟,滋养灵魂的教育才能永放异彩。"孩子的每一幅作品都是一个用童心讲述的童话,教师要潜心研究、用心体味,让童心在绘画过程中释放。

1. 平等对话,让孩子敢画

平等,就是教师要亲近孩子,放下架子;对话,就是教师要积极发起或接纳幼儿发起的交流、讨论活动,让师生关系更为和谐。平等、自主、信任的创作氛围能够很好地增进幼儿对美术活动的喜爱。

(1)不打扰幼儿的创作。在幼儿创作的环节,教师常常担心幼儿会把作品画坏了,于是在幼儿身边不停地说教,甚至为了追求画面效果,动手去改动幼儿的作品。这样的指导行为会导致幼儿失去自己的思想,依赖老师的想法去创作,阻碍幼儿本真的表达,甚至会挫伤幼儿创作的积极性。在这样的指导行为下,幼儿的创作,最终成为成人指挥下的"鹦鹉学舌";幼儿的作品,成为儿童笔下的"成人画"。

比如,在"方格子老虎"的活动中,妈妈的爱是横线条,爸爸的爱是竖线条。教师看到一个孩子画了许多竖线和一条横线,并没有无端地让孩子添画横线,而是亲切地问:"怎么妈妈的爱只有一条呢?"孩子说:"妈妈说了算,只说一句就行。爸爸总是说很多句。"教师这一问,问出了孩子父母之间的家长里短。在和家长接触的过程中,教师也发觉了这一点,于是回应道:"噢!原来是这样,妈妈的爱,一条就够了!""怎样让这一条线代表妈妈更多的爱呢?"教师问孩子。孩子想了想,

把原来的横线画粗了。活动中,教师充分地尊重了孩子的意愿和想法,让孩子的表达更个性、更纯真!

(2)观察、倾听、理解和尊重幼儿。在幼儿的创作过程中,教师应尊重幼儿的想法,不过多地打扰幼儿创作,细心观察、用心倾听,在幼儿有诉求、有困难时适时、适当地出手帮助。

比如,在"等等,等等"这个活动中,孩子们都在撕贴添画一个更大、更厉害的海洋动物,教师却发现一名幼儿撕了一片小小的圆形纸片贴在画纸的上方。教师的内心产生了疑问:"这是一个又大又厉害的动物吗?"该教师没有急着去打断孩子的创作,而是悄悄地观察着。只见幼儿在圆形纸片上添画了大嘴巴和锯齿状的牙齿,在纸片外添画了鱼鳍。教师没有看出这个动物的威猛之处,询问道:"你画的是什么更凶猛的动物呀?"幼儿说:"一只大鲨鱼。"教师追问道:"为什么鲨鱼是圆圆的?"幼儿边比画边说:"它是这样游过来的(正面),看上去就是这个样子。"教师明白了幼儿的想法,肯定地回应道:"我知道了,大鲨鱼是从远处游过来的,虽然看上去小小的,但很凶猛。"见老师理解了自己的作品,幼儿开心地跳起来。

总之,只有尊重幼儿的思维特点,遵循其年龄发展规律,理解幼儿、鼓励幼儿、赏识幼儿,放下教师的架子平等对待幼儿,幼儿在美术活动中才能更愉悦、更大胆、更投入、更享受。

2. 慧眼识才,让孩子乐画

创造性思维是思维活动的高级水平,具有新颖性、独创性、发散性等特点。教师的评价是重要的外部环境之一,对幼儿创造性思维的形成和发展有着直接的影响。因此,教师必须对幼儿绘画过程中富有创造性的表达进行积极有效的回应;对于幼儿有创新、有新意的地方不失时机地给予赞赏、鼓励等正面评价。教师慧眼识才,才能让幼儿有成功的体验。

(1)要善于在"乱七八糟"中发现精彩。由于幼儿手部肌肉力量较弱,小肌肉的协调能力不够灵活,所以幼儿的作品常常被成人以"乱七八糟"来评价。作为教师,应了解幼儿的年龄特点,善于在"乱七八糟"的作品中捕捉到属于幼儿的精彩。

比如,一大班教师在组织"书包拓印想象"这一活动中,看到这样一个情况:一个非常调皮的小男孩在拓印时,将蘸满颜料的书包在纸上使劲地搓动。教师看

到被糟蹋的书包，问："你这是在拓印什么呢？"孩子说："你不是让我们玩调皮的小书包嘛？我的书包得一塌糊涂了才能是调皮的书包。"教师听后交代说："你拓印的这块颜色里面一定藏了一个非常特别的动物，它正在用眼睛看着你呢！看看你能不能把它变出来？"很快，这个孩子就给了教师一个惊喜：一条腾飞的巨龙赫然出现在眼前（见图3.34），原来搓动拓印形成的印痕，变成了巨龙腾飞的鬃毛，十分的形象。成功的喜悦也洋溢在孩子灿烂的脸上。

图 3.34

（2）要让幼儿在纠错中感受成功。在美术活动中，教师常会碰到这样的情况：幼儿一画错或一不满意就把纸翻过来重画，或坐着发呆直至教师给重新换一张纸为止。当幼儿画"错"的时候，教师可以启发幼儿结合创作内容，用改变图像、添加特征等方法进行弥补，从而完成创作。这样既可以让幼儿在纠错中感受到成功，增强自信，也培养了幼儿不怕困难、有始有终的学习习惯。

比如，在"水彩鱼"的活动中，幼儿不小心把一团黑色的颜料滴在了画面上，看着刚刚画好的鱼变得不像样，她含着眼泪向老师求助，老师很夸张地说："你画的鱼很厉害呢，它有两个头，你看是不是？"幼儿听了老师的话，在那团黑颜色旁边添上了两只鱼的眼睛（见图3.35），还高兴地向其他小朋友炫耀说："你看，这是双头鱼！"

再比如，在水墨画《运动的人》的创作中，一名幼儿画的体操人物非常的小，她很不满意，要求老师再给她一张纸。老师引导说："这是一个年

图 3.35 两个头的鱼

图3.36 我教妈妈学体操

龄很小的体操运动员吧？怪不得个子这么小，她和谁在练体操呢？"一句话点拨了幼儿，启发幼儿有了《我教妈妈学体操》的创作（见图3.36）。

（3）要学会因人而异地指导。美术是一项个性化的艺术，同一年龄段的幼儿其发展水平往往是不同的。在教学中，教师要坚持给予不同水平的幼儿不同程度的帮助。比如，在"拓墨借形想象"的活动中，为了让能力弱的幼儿也能体验到成功想象的快乐，教师为这些幼儿特别提供了相对具象的墨迹图，让他们一眼就能看出这块墨迹像什么，进而投入创作。此外，教师在追求"不一样的作品"的同时，也要认可有些幼儿模仿而来的作品，因为爱模仿原本就是幼儿的天性。

3. 巧妙点拨，让孩子善画

点拨，是教师教学能力、教学智慧的重要体现。美术活动中精准巧妙的点拨，可以引发幼儿的创作兴趣，帮助幼儿进一步理解美术创作的技巧和方法，让幼儿想画、敢画、善画。

（1）情境促动。它是指教师结合美术活动中设置的情境，运用情境中的语言进行点拨。比如，小班幼儿往往不能持续进行有控制的涂鸦，在"一根刺的小刺猬"这个活动中，教师用"刺儿刺儿刺儿快快长，妈妈才能认出它。刺儿刺儿刺儿快快长，身体才能不挨冻"的情境性语言，促使幼儿持续地画短线，顺利完成创作，达成目标。

（2）设疑启发。它是指教师根据幼儿的创作提出疑问，从而让幼儿改变思路，避免形成一种僵化、固定不变的思维模式。

比如，在"我设计的汽车"活动中，教师发现幼儿大多注重车型、颜色上的设计，于是提出了疑问："你们认为现在的汽车设计得都很好么？它们有没有缺点呀？"孩子们想了想，接着就各抒己见。有的说："现在车很多，爸爸送我来幼儿园总是堵车，如果车上有个能伸缩的翅膀就好了。"有的说："那天下大雨，我看见有的车泡在水里，打不着火了，我想设计一辆车轮能自由升降的车。"还有的说："汽车尾气影响环境，我要设计一辆环保汽车。"在教师的点拨下，幼儿展开了丰富的想象，并画出了夸张的、与众不同的汽车。

（3）指点迷津。在绘画活动中，常常有些幼儿会说"老师，我不会"，也会有一些幼儿迟迟不动手，教师了解其中的原因，在幼儿困惑之处给予点拨，就会收到良好的效果。比如，在"拓墨借形想象"的活动中，在教师的引导下，孩子们在一团团不规则的墨迹中体验着"像什么"的乐趣，只有XX小朋友迟迟不动手。这是一个平常就"懒得画"的孩子，教师觉得需要想办法"催促"一下。于是，教师走近他，轻轻地问："你怎么不画呢？""不用画，你看，这个样子就是一只小企鹅。"教师仔细一瞧，孩子面前的一团墨迹真的像极了一只可爱的企鹅，只是缺少了眼睛。教师顺势说："这只小企鹅好像睡着了，你把它叫醒就可以，让它睁开眼睛，然后你们就可以做游戏了！"一会儿，教师走过来再次看他，一只栩栩如生的企鹅在孩子笔下诞生了。孩子还兴奋地说："老师，我还和它做游戏呢！""做什么游戏？""我和它跳舞，还和它说悄悄话，它说，北极可冷了。"教师看到，除了企鹅的眼睛，孩子还画了嘴巴和他自己，教师竖起了大拇指。

孩子不需要成人去为他们创造一个世界，只要成人适当地引领，他们就会创造出属于自己的世界。

案例呈现 3

小班：一根刺的小刺猬

设计意图

短线涂鸦是小班幼儿涂鸦中常见的符号，但因幼儿处在无意涂鸦向有意涂鸦过渡的阶段，所以幼儿有控制地画短线维持的时间很短。如何有效地促进幼儿从无控制涂鸦向有控制涂鸦推进，同时又能让幼儿在涂鸦中体验到快乐呢？思考中，教师想到了与绘本《一根刺的小刺猬》相结合。该绘本故事内容简单，故事情境比较容易引起小班幼儿的情感共鸣，因此借助幼儿阅读故事时自然产生的"帮助小刺猬长刺"的情感驱动，引导幼儿有控制地绘画短线就成为水到渠成的事情。

幼儿园美术活动创意设计

活动目标

(1) 尝试用短直线表现小刺猬身上的刺，能控制短线的方位及方向。

(2) 体验帮助小刺猬的乐趣，初步萌发关心、帮助他人的意识。

重难点

能够有控制地进行直线涂鸦。

活动准备

棉签、颜料、画纸、PPT灯板。

活动过程

1. 情景导入，设疑猜想小刺猬的遭遇

(1) 出示小刺猬的图片，引导幼儿观察小刺猬的外形特征和表情："小刺猬长什么样子？它的心情怎样？从哪里可以看出来？"

(2) 出示哭泣的小刺猬图片，引导幼儿观察比较："小刺猬变成什么样子了？它还高兴吗？猜猜是怎么回事？"鼓励幼儿大胆地表述。

2. 倾听故事，激发帮助小刺猬的欲望

(1) 教师讲述故事。

(2) 鼓励幼儿想办法："小刺猬用自己的刺帮助鸟儿们过冬，最后自己只剩下了一根刺，妈妈都不认识小刺猬了，不让它进家门。这可怎么办呀？谁能帮一帮小刺猬呀？"

3. 涂鸦创作，帮助小刺猬重新获得快乐

(1) 学习直线涂鸦。教师边说儿歌边示范添画眼睛、嘴巴和刺："眼睛亮亮，嘴巴笑笑，刺儿刺儿快快长。"

(2) 添画一根根的刺。教师运用情境性语言进行提示："小刺猬身上的刺越多就会越暖和，还要均匀地向外生长才漂亮。"引导幼儿把刺画多、画长、画均匀。

师："小刺猬的全身都要有刺才暖和，小刺猬哪里变暖和了？"

幼1："小刺猬背上暖和了。"

幼2："小刺猬头上也暖和了。"

师："天冷了，小朋友都知道盖住小肚皮才不会冷。让小刺猬的小肚皮上也长出刺儿吧。"

第三章 教学方法创意——让美术童趣盎然

师:"小刺猬的刺硬硬的,直直的。哟!这只小刺猬的刺好扎人,这么硬,这下妈妈能认出它了。"

师:"你的小刺猬,能去找果子吃了吗?"

(3)用手指蘸水粉颜料点画果子。

师:"小刺猬长出了这么多的刺,就能背果子了!我们快给它送果子吧!"

幼儿点画过程中,教师要注意观察幼儿的表现,及时提醒幼儿做到以下几点:

- 果子要扎到刺上才能让小刺猬背回家。
- 果子太多了,小刺猬背不动了,有的果子就掉在了地上,小朋友可以用果子装饰画面的空白处。

4. 回归故事,送小刺猬回家

出示小刺猬"家"的背景(用KT板布置成房子的样子,供幼儿在"家"的情景中展示作品用),请幼儿将自己的小刺猬放到"家"中,并鼓励幼儿主动和小刺猬告别。

师:"小刺猬要回家了,你想对它说什么?"

作品欣赏 >>>

 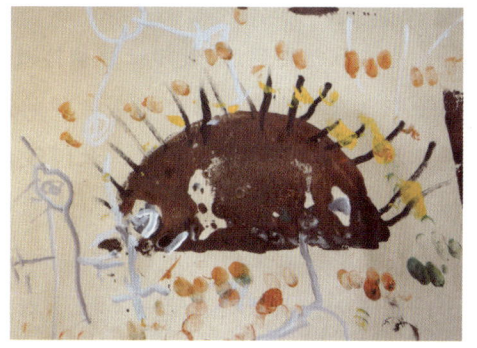

小刺猬,你的刺儿长出来了,快回家吧! 　　小刺猬,你饿了吧,送你果子吃,可甜了!
图 3.37 　　　　　　　　　　　　　　　　图 3.38

教学思考 >>>

用爱心催生创作

短线涂鸦属于小班上学期的美术活动目标,但如果让孩子们单纯地进行机械化的短线涂鸦,活动就会缺乏情感的依托,枯燥、乏味,孩子们也是不快乐的,最后呈现的作品画面也是"死"的，这样的美术活动是没有意义的。

　　基于此，根据小班幼儿的年龄特点，教师借助绘本故事《一根刺的小刺猬》创设游戏情境，在孩子关爱之心的依托下，整个活动过程显得快乐而丰满。

　　"小刺猬用身上的刺帮助鸟儿们过冬，最后自己就剩下了一根刺，妈妈都不认识小刺猬了，不让小刺猬进家门，怎么办？"教师提出的问题调动了幼儿帮助小刺猬的意愿，孩子们想到了以短线涂鸦帮助小刺猬长刺的方法。"天气越来越冷了，小刺猬又冷又饿……"教师的情境性语言促使孩子们迫切地想送给小刺猬果子吃，于是教师适时地引导孩子们用手指点画果子。如此，整个活动自然流畅，且充满了浓浓的关爱之情。孩子们在帮助小刺猬的情境渲染下完成了美术创作，获得了情感的满足，很好地达成了活动目标。

　　以帮助小刺猬重回妈妈的怀抱为主线，孩子们的情感经历了担心、着急、关爱、满足与快乐的过程，而正是因为融入情境中的情感经历，才使整个活动"活"了起来，画面也因为融入了儿童纯洁的情感而愈加生动。

小班：圣诞老爷爷

设计意图 >>>

　　圣诞节就要到了，教师忙着装饰教室，布置节日环境。小班幼儿虽然能力有限，但他们也跃跃欲试，希望能帮老师的忙。为了满足孩子们的内心需要，同时让环境更加灵动、充满童稚趣味，教师设计了制作圣诞老人的美术活动，采取孩子们擅长的简便易行的皮球拓印、撕撕贴贴的方法来完成圣诞老人形象的创作，让幼儿参与到装扮教室的活动中，体验节日的快乐。"皮球来帮忙，红红的脸蛋印出来。小手撕一撕，长长的胡子一大把。"教师通过巧妙的材料选择和创作方式，让小班幼儿的美术创作变得轻松、快乐。

活动目标 >>>

　　(1) 尝试用撕纸、拓印、添画的方式表现圣诞老人。

　　(2) 感受作画的乐趣，体验过圣诞节的快乐。

活动准备 >>>

　　1开白纸、肉色水粉、球、油画棒、记号笔、胶棒、圣诞老人的PPT图片。

活动过程

1. 谈话导入,唤醒幼儿对圣诞老人形象的回忆

师:"圣诞节就要来了,你们还记得送礼物的圣诞老爷爷是什么样子吗?"出示圣诞老人的图片,请幼儿观察感知圣诞老人的形象。

2. 撕纸拓印,引导幼儿一步步投入创作

(1)将白纸的光边撕掉,撕出圣诞老人头部的大致轮廓。

师:"圣诞老人什么时候来呢?我们和小钟表一起来等待圣诞老人的到来吧。(教师用撕纸的动作模拟钟表的走动,示范并带领幼儿撕纸。)嘀嗒、嘀嗒、嘀嗒……小钟表不停地走啊走,圣诞老爷爷,赶快来吧!小朋友都等着呢!"

师:"小钟表走了几圈了?"

幼:"一圈。"

师:"小钟表都走一天了,它走出了一个大大的圆,圣诞老人露出了大脑袋。"

(2)用大球蘸肉色水粉,在纸的下半部分拓印一个圆,作为圣诞老爷爷的脸。

师:"我们请大皮球来帮忙,喊一喊圣诞老爷爷吧。我们和大皮球一齐喊!"

幼:"圣诞老爷爷,快来吧!"

师:(师幼一起用皮球拓印圣诞老爷爷的脸。)"圣诞老爷爷答应了吗?"

幼:"没有。"

3. 观察、添画,鼓励幼儿大胆表现圣诞老人的形象

(1)引导幼儿观察圣诞老人,用大红色油画棒画出圣诞老人的三角形的帽子。

师:"圣诞老爷爷来不及答应呢,他忘记戴帽子了,急着回去戴帽子呢。我们送圣诞老爷爷一顶帽子吧!"

师:"圣诞老爷爷的帽子尖尖的。我们做一顶帽子送给他吧!"鼓励幼儿用红色纸撕帽子。

(2)等水粉干后,引导幼儿在圣诞老爷爷的脸上添画上五官:眼睛、鼻子、嘴巴、耳朵、胡子。

师:"圣诞老爷爷真是着急,戴上帽子刚要出门,突然想起来还没洗脸呢!圣诞老爷爷怎么洗脸?"

师:"洗洗眼睛,眼睛亮亮的。洗洗鼻子,鼻子不怕冷。洗洗嘴巴,把最好的祝福送给小朋友。洗洗耳朵，谁的愿望都能听得清。"发给幼儿记号笔添画五官。

师："圣诞老爷爷可高兴了，他高兴的时候就要捋胡子。小朋友，我们也来捋一捋圣诞老爷爷的胡子吧！胡子捋一捋，快乐一大把！"引导幼儿撕贴胡子。

4. 作品展示，体验成功的快乐

将幼儿的作品悬挂或张贴在教室内，营造节日的氛围。

作品欣赏 >>>

图 3.39

教学思考 >>>

分阶段投放与适时撤换材料

小班幼儿的特点是注意力持续时间短，容易分散，且无意注意占主导。因此，在绘画过程中教师应尽量避免一次性投放大量的操作材料，以防干扰幼儿的注意力。

本次教学活动用到了撕纸、拓印、涂色等方法，步骤较为烦琐，同时，还用到了皮球、水粉颜料、油画棒、记号笔、胶棒等操作材料。考虑到小班幼儿注意力不够稳定的特点，教师采取按作画步骤有序撤换材料的措施，即用到什么，投放什么，用完什么，撤换什么的原则。为了增加趣味性，教师还创设情境让幼儿参与更换材料。

比如，在导入这一环节中，教师仅仅用PPT呈现圣诞老人的形象，没有其他材料的干扰，这样更利于幼儿在教师的引导下观察圣诞老人的形象。

在拓印这一环节，老师指导幼儿先将之前撕贴剩余的纸片收拾干净，再给幼儿皮球以及装有水粉的托盘进行拓印。拓印完成后，教师又组织幼儿及时将这些材料收到指定的位置，并将下一步使用的油画棒取回。这样做，在完成材料更换的同时，也让幼儿了解了操作的顺序，同时排除了在下一环节中对幼儿的干扰。

本次教学活动中，教师没有将材料全部一次性地投放，而是伴随教学的进度，适时地撤换材料，操作过程中没有过多地干扰幼儿的注意力，有利于幼儿充分表现圣诞老爷爷的形象，更有利于幼儿有序习惯的养成。

中班：快乐一家人

设计意图 >>>

幼儿和爸爸妈妈在一起做过许多快乐的事情：做游戏、看书、散步、外出旅游……这些美好的回忆都在幼儿的脑海中留下了深刻的印象。因此，"快乐一家人"这个话题对幼儿来说永远都是新鲜的。此外，刚刚升入中班的幼儿虽然对人物特征已具有初步的感性经验，但在构图方面仍缺乏经验。本次活动尝试让幼儿用撕纸拼贴、水粉添画的方式表现全家福中人物的不同排列方式，在愉快的创作过程中表达对爸爸妈妈深深的爱。

活动目标 >>>

（1）回忆并大胆表现和爸爸妈妈在一起的快乐情景，感受家庭的温馨和幸福。

（2）根据自己的生活经验，尝试运用不同的方法表现人物的位置，初步学习画面构图。

重难点 >>>

能表现和爸爸妈妈在一起时的快乐情景。

活动准备 >>>

经验准备：活动前和幼儿一起欣赏全家福照片，讲述照片上的内容。

材料准备：粉色和白色8开长方形铅画纸；用彩纸、牛皮纸、报纸等撕成的大小不同的圆形；水粉，调色盘，棉棒；幼儿每人带一张全家福照片；由三张圆形纸片做成的磁性教具。

活动过程

1. 欣赏交流，说说"爸爸妈妈和我"的趣事

（1）出示幼儿和爸爸妈妈在一起的照片，并请幼儿说一说自己和爸爸妈妈做的趣事。师："你和爸爸妈妈在干什么？有什么有趣的事发生？"

（2）引导幼儿观察人物的特征和表情。师："爸爸妈妈有什么特点？是什么表情？"

2. 观察照片人物的动态，初步学习构图

（1）引导幼儿说一说照片中爸爸妈妈和自己是什么样子的。教师演示磁性教具，参照照片中的人物布局，用磁性教具摆出幼儿和爸爸妈妈的造型，如三人成横排、竖排、斜排、半圆等。

（2）提出作画要求："照片能记录很多有趣的事，画画也可以。今天我们就把和爸爸妈妈在一起的趣事画出来吧！

每人选三个圆粘贴在背景纸上，分别代表爸爸妈妈和自己，然后添画爸爸妈妈的五官，把有趣的事画出来。"

3. 创作表现，画出"爸爸妈妈和我的故事"

指导要点：

（1）选择大小、颜色不同的圆形纸片分别表现爸爸妈妈和自己，尝试学习合理布局。

教师利用合理的想象，引导幼儿摆出更多的一家三口的造型。如下：

- 三人站成一横排，开开心心去公园。
- 三人站成一竖排，你追我赶跑得快。
- 爸爸妈妈头碰头，亲亲热热好开心。
- 宝宝妈妈脸对脸，好听的故事讲不完。
- 宝宝爸爸头顶头，开心的游戏玩不够。

（2）添画五官，大胆表现人物的特点：用棉棒蘸水粉添加五官、头发、衣服等（投放水粉颜料的顺序为先黑色再添彩色）。

（3）适当添画背景。师："爸爸妈妈和你在什么地方？发生了什么有趣的事情？"

4. 分享交流，讲讲快乐一家人的故事

（1）幼儿自由地和同伴讲述。

第三章 教学方法创意——让美术童趣盎然

（2）请构图比较特别的幼儿讲述作品。

作品欣赏 >>>

晚饭后，我们一家去散步，爸爸妈妈穿了情侣衫，爸爸总问我："是妈妈漂亮，还是爸爸漂亮？"

图 3.40

在草地上照个相吧！

图 3.41

妈妈要去参加婚宴，挽起头发，化了妆，我和爸爸都说妈妈臭美！

图 3.42

星期天我们去公园了，妈妈给我绑了一个小辫辫，爸爸还给我买了一个大气球。

图 3.43

教学思考 >>>

来自情感体验的画面构图

罗恩菲尔德指出："第一个空间关系通常是透过感情来体验的。"因此，借助生活中幼儿有深刻情感体验的事情指导幼儿学习画面布局，可以达到事半功倍的效果。

本次活动中，幼儿带来的全家福照片将爸爸妈妈的爱也带入到活动中，唤起了幼儿和爸爸妈妈在一起时温馨快乐的回忆。借助这份情感，教师将画面布局的技巧巧妙地融于其中，以三张不同质地的圆形图片，利用儿歌帮助幼儿将构图的要点和开心的家庭生活串联在一起，于是带着爱的温度的画面布局于不知不觉中呈现在我们面前。

当幼儿将三张纸片并排在一起时，教师用"三人站成一横排，开开心心去公园"来引导。幼儿随后的创作中，横式的排列也变得高低错落，不那么呆板了。

当幼儿将三张纸片排成竖排时，教师用"三人站成一竖排，你追我赶跑得快"来解释说明，赋予了画面布局以情感元素。当幼儿将一家人你追我赶的情节迁移进来时，生活中三人之间的空间感觉自然融于画面，使得画面布局自然生动。

从情感体验到空间感觉，从空间感觉再到画面布局，省却的是教师生硬的说教和机械的训练。

中班：焰火晚会

设计意图 >>>

新学期开始了，幼儿还沉浸在新年节日的气氛当中，尤其是元宵节的焰火晚会更是幼儿谈论的主要话题。五彩缤纷的焰火、熙熙攘攘的人群深深地留在幼儿的脑海中。因此，教师决定借此话题开展活动，让幼儿尽情地再现焰火晚会的场景。

考虑到中班幼儿有意记忆的发展，还有他们能关注到颜色之间的配合以及图像在画面上的位置和大小，所以在活动中教师让幼儿自主地配色，鼓励幼儿按照表达的需要确定图像的位置和大小。

活动目标 >>>

(1)欣赏焰火的美丽，发现色彩的美。

(2)用各种线条和形状表现不同的焰火造型。

重难点 >>>

用各种线条表现焰火的造型；确定图像在画面上的位置和大小。

活动准备 >>>

经验准备：幼儿看过焰火晚会或焰火晚会的视频。

材料准备：油画棒、8开白纸若干、群青或黑色水粉、焰火晚会图片。

活动过程 >>>

1.出示图片，感受节日气氛

师:"你看到了什么?烟花是什么时候放的?看烟花时你心里是怎样想的?"

2. 介绍不同形状的烟花

师:"它们是什么颜色、什么形状?烟花的轮廓像什么?"(花、伞、彩灯、等)

3. 幼儿绘画,教师指导

(1) 鼓励幼儿自主配色。师:"烟花的颜色很丰富,红色、黄色、蓝色、绿色……有的是一种颜色,有的是两种颜色重叠。"

(2) 引导幼儿确定烟花的位置和大小。师:"先放一簇烟花,等烟花灭了,再放另一簇。""远处的先开放,看上去很小,近处的后开放,看上去很大。""想一想,先画什么?再画什么?"

(3) 指导幼儿添画楼房。

(4) 油水分离,制造夜晚的氛围,增加活动的趣味性。师:"画好后,小朋友在画面上刷上一层深色的水粉颜料,看上去就像夜晚了。"

4. 展示幼儿的作品,让幼儿重温节日的快乐

教师将幼儿的作品连接起来,引导幼儿欣赏并讨论。师:你们看,五颜六色的焰火把节日的夜晚打扮得多美呀!找一找谁的焰火最多、最美丽?

作品欣赏 >>>

图 3.44

图 3.45

教学思考 >>

帮，是为了长远的不帮

在美术活动中，教师常常听到孩子说："老师，我不会画。"帮幼儿解决困难是教师义不容辞的责任，问题的关键是怎样帮才有意义。教学过程中，教师代替幼儿作画是简单且见效快的方法，但是如果教师用心观察，就会发现这样做容易让幼儿产生依赖心理，导致幼儿一遇到困难就请教师"帮忙"，最重要的是不利于幼儿创造力和想象力的发展。因此，教师的帮要做到为了长远的不帮，即帮助幼儿掌握解决一类问题的方法。

就本次活动来说，用线条表现焰火的形状、位置和大小，对中班幼儿来讲是有一定困难的，尤其是用遮挡的方法表现散点式的烟花，幼儿容易因满眼杂乱而无所适从。为此，活动中教师采用"先放一簇烟花，等烟花灭了，再放另一簇"，"远处的先开放，看上去很小，近处的后开放，看上去很大"的办法进行指导，启发幼儿主动思考："先画什么？再画什么？"在教师的指导下，幼儿进行了创作，并收到了很好的效果。

在以后的教学中，教师应继续引导幼儿主动思考："先画什么？再画什么？"这样幼儿的作画秩序就会逐渐建立起来，遇到比较复杂的临摹写生，他们也不会再说"我不会"了。

大班：图腾柱

设计意图 >>

图腾，是原始部落神秘、奇特的文化，是人类童年期创作的"美术作品"，充满大胆的想象、夸张。在"我是中国娃"的主题活动中，教师介绍了一些民族古老的图腾知识后，孩子们对图腾表现出了浓厚的兴趣。结合孩子们的兴趣点，教师开展了"图腾柱"的美术创作活动，希望孩子们在欣赏、感知的过程中，对图腾艺术有更进一步的认识，同时充分唤起心中想象、创造的欲望；希望他们通过有趣的立体制作，获得积极的、成功的体验。

活动目标 >>

（1）欣赏观察图腾柱的特点，尝试用夸张变形的线条和色彩表现柱上人脸的形象。

第三章 教学方法创意——让美术童趣盎然

(2) 初步了解图腾柱的含义，感受原始部落神秘、奇特的文化。

重难点 >>>

综合运用材料制作与众不同的图腾。

活动准备 >>>

阿拉斯加图腾柱等各种图腾照片和视频、水粉颜料、水粉笔、毛笔、丙烯颜料、废旧易拉罐。

活动过程 >>>

1. 幼儿欣赏土著舞蹈，初步了解原始部落及图腾柱

(1) 师："今天老师给你们带来一段有趣的视频，我们一起看看里面是些什么样的人？"带领幼儿欣赏视频。

(2) 师："你们知道他们是什么人吗？他们在做什么？他们旁边有什么？猜一猜这些柱子有什么用？"

小结：图腾是一些原始部落的人们把某种动物或植物当作自己崇拜的对象而绘画或雕刻出来的一些形象标志，人们认为它是自己民族的象征和保护神，所以对它特别爱护，并经常举行一些仪式活动。

2. 出示图腾柱图片，引导幼儿观察并讨论其特征

(1) 引导幼儿观察阿拉斯加图腾柱的局部图，总结柱上人物的特征。师："夸张变形的图腾柱上是什么呀？你们觉得这些人的脸和我们的五官一样吗？哪里不一样？"

(2) 幼儿欣赏组图，观察并表述五官的不同表现形式。

①师："老师这儿还有一些图腾柱的图片，看看他们的鼻子、眼睛等五官有什么不一样的地方？"（幼儿欣赏图片）

②提问："图腾柱上画的东西像什么？从上到下仔细看一看头发、眼睛、鼻子、嘴巴……是什么样子的？"

③小结，让孩子以自己的方式理解图腾柱。

师："柱子很高，上面有些奇怪的人，这些人的嘴巴很大，眼睛也瞪得很大，眼珠都要掉出来了，看上去很可怕。但是，你知道吗，这些图腾代表着人们很多的期盼和祝福，有的祝福人们平平安安，有的代表人们希望每年都是大丰收，有的期盼全世界的小朋友都能健康成长。"

3．幼儿创作，教师指导

师："看了那么多神奇伟大的图腾柱，你们想不想试试？就让我们来当小小的原始居民，完成一个图腾柱好不好？"

（1）教师介绍作画材料——易拉罐，介绍作画规则和要点："易拉罐的前后都要画，注意不要让罐口划伤手。"

（2）鼓励幼儿图形要画大，形象要夸张、奇特，色彩要鲜艳、明亮。

● 眼睛大大的，可以看到世界上一切美好的事情。
● 耳朵大大的，可以听到小朋友最美的歌声。
● 有的图腾长着三头六臂，可以帮人们做很多的事情。
● 有的图腾身上长满了禾苗，祝福农民伯伯年年大丰收。

4．欣赏同伴作品，感受原始部落的文化氛围

（1）把幼儿的作品叠加成图腾柱。

（2）请幼儿说说自己最喜欢的图腾，进一步体验创作的成功与快乐。师："看！我们的图腾柱建造好了，快来看看你最喜欢哪一个？它能带给我们什么样的祝福？"

作品欣赏 >>>

幼儿A：我画了一个猫头鹰的图腾，它可以保护我们平平安安，所有的小偷见了它都害怕。
幼儿B：大嘴巴的图腾可以让小朋友都能吃得很健康。
幼儿C：我们把图腾柱放在教室里，可以保护小朋友。

图 3.46

教学思考 >>>

不打扰孩子的创作

在教学活动中,教师通常会采用树立同伴榜样、阶段评价、问题启发等方法介入幼儿的活动,期望能通过这些指导帮助幼儿完成作品。但在实践中不难发现,教师过多的干预、指导会使孩子们的作品千篇一律,创作活动因而成为教师指导下的模仿秀。那么,在美术活动中,教师如何做才不会打扰孩子的创作呢?

(1)让幼儿在创作前充分地感知。创作是建立在已有经验基础之上的活动,充分地感知与欣赏是幼儿独立创作的前提。在教学案例"图腾柱"中,在幼儿创作前教师通过欣赏——讲解——示范——讨论等一系列过程,让幼儿对图腾的基本构成、形象特点、色彩以及代表的意义进行了充分的欣赏和认知,为孩子们的自由创作提供了前期经验,也为教师的"不打扰"奠定了基础。

(2)在创作中恰当地指导幼儿。创作过程是一个思维连贯、一气呵成的过程。教师过多的介入与指导往往会打乱孩子的思维,破坏孩子的创作。因此在创作过程中,教师应扮演幼儿创作的支持者与引导者,根据幼儿的需要提供适当的支持与帮助,让幼儿能够顺利地完成自己的创作,体验到成功的快乐。

在幼儿制作图腾的过程中,教师正是基于以上的考虑,没有用过多的语言和指导打断孩子的思维,让幼儿沉浸在创作中,真正为幼儿提供了一个自由表达表现的空间。教师只是用轻轻的声音去指导能力弱的孩子,悄悄地关注投入到创作中的幼儿,用微笑和眼神鼓励幼儿持续创作。一气呵成的创作过程,使幼儿的作品充满了灵气与想象力,让孩子们收获了成功,体验了快乐。

幼儿创作的过程是孩子们打开思维放飞心灵的过程,更是教师等待幼儿自我成长的过程。作为教师,我们要静下心来,耐心地等待幼儿的心灵花开。

大班:我的自画像

设计意图 >>>

幼儿画自己有着明显的分期,从用简单的圆表示自己,到单线条的自己、双线条的自己,再到意象中的自己,显示着幼儿绘画能力的不断发展。大班下学期,幼儿可以尝试用写实的形式画自己。

为了吸引幼儿的创作兴趣，教师在区角中投放了毕加索、洛克威尔的自画像以及幼儿的写真照片，有意识地引导幼儿观察各位美术大师不同的画像，了解夸张表现的特性。这些都帮助幼儿开阔了眼界，发展了丰富的联想能力，为创作打下了基础。

活动目标

(1) 欣赏著名画家的自画像，初步了解自画像的特点。

(2) 尝试用夸张的手法画出自己的自画像。

(3) 大胆用色，感受色彩所表达的心情。

重难点

幼儿能用水粉大胆地绘画，并用夸张的方法表现出自己的特征。

活动准备

活动室中将幼儿带来的照片布展；世界著名画家的自画像图片，如毕加索、洛克威尔等；8开素描纸、立式镜子、水粉颜料、涮笔筒、棉签、调色盘。

活动过程

1. 谈话导入，激起兴趣

(1) 请幼儿欣赏自己的照片展，并说说感受。

师："你对哪张照片印象最深刻？为什么？说说自己的长相有什么特点？"

(2) 请幼儿根据老师描述的特征玩"找朋友"的游戏。

小结：小朋友中，有的皮肤白，有的眼睛大，有的有酒窝……我们每个人的长相都不一样。

2. 引导幼儿欣赏画家的自画像，了解夸张的表现手法和自画像的概念

(1) 运用多媒体呈现毕加索的自画像，帮助幼儿初步感知自画像的特点。

师："你看到了什么？有什么感觉？他是谁？他的哪些特点让你印象特别深？你觉得他的心情怎么样？"

小结：这是一位非常有名的画家，叫毕加索。毕加索用了夸张的方法把他原来就很大的眼睛和鼻子画得更大了，让人一眼看上去就知道他的特点。

(2) 运用多媒体呈现洛克威尔的自画像，引导幼儿深入解析。

师："你喜欢这幅画吗？为什么？洛克威尔是怎么画自画像的？他画出来的画

像和镜子里的自己一样吗？他为什么要这样画？"

小结：洛克威尔在对着镜子画自己，自画像上的他没有戴眼镜，看起来很年轻。他把希望自己永远年轻的愿望画了出来。原来，自画像还可以画愿望呢！

3. 迁移创作，引导幼儿运用水粉表现自画像

（1）引导幼儿交流讨论作画的要点。

师："如果你来当画家，怎样才能画出自画像呢？怎样画能表现自己的特点、心情、愿望？"

小结：你们画的时候也要像画家一样，仔细观察自己的特点，还可以加上背景和愿望。

（2）幼儿进行创作，教师进行个别指导。

指导要点：

- 画像要画大画满，让自己的画像在画纸中占大部分。
- 一根棉签用到底，不要怕多种颜色混到一起，很多种颜色调和在一起也很好看。
- 一定要把自己最好看的地方画出来。
- 要给自己的画像画上漂亮的背景，也可以像大画家一样把自己的愿望画上去。

4. 引导幼儿欣赏和交流自画像

（1）请先画好的幼儿互相欣赏，猜猜自画像上的朋友是谁。

（2）教师评价与幼儿互评、自评相结合。

作品欣赏 >>>

今天老师给我扎了一个好看的辫子，还戴了紫色的发卡，我很喜欢。

图 3.47

我去果园里摘果子了，还在那里拍了很多照片。

图 3.48

我不光耳朵大，眼睛大，鼻子也大。瞧！我挺帅吧！

图 3.49

长大后我要当一名消防员，能爬到很高的楼上去救火。

图 3.50

教学思考 >>>

别 动 "我"

本次活动设计独具匠心之处在于：教师给幼儿提供了各色的水粉颜料和一根棉签，目的是让幼儿体会用一根棉签先后蘸取各色颜料时色彩的变化，也体现了教师对幼儿作品的评价观——不追求作品的干净，越"脏"，才越能体现幼儿绘画的特点。

教师在指导幼儿绘画的过程中，尊重幼儿的本真选色是非常重要的。常常看到有的教师一面鼓励幼儿大胆用色，一面又在用成人的色彩搭配原则控制幼儿的选色，这是不足取的。

活动中就发生了这样一件有趣的事情。教师看到一名男孩将脸涂成黑乎乎的颜色，就问道："你怎么把整个脸都涂成了黑色？我们可以加一点别的颜色。"教师拿起男孩握着棉签的手刚要去蘸颜色，男孩却把手使劲地拉回来，着急地说："老师，你别动，我就要用这个颜色，我觉得黑色的脸特别有力气。"面对这个小男孩的执著，教师马上说："对不起，请你继续画吧！"尽管后来这个男孩画出的作品很不像样，但是教师还是在讲评环节鼓励、表扬了男孩，称他为"有力气的男子汉"，并让男孩讲述了他帮妈妈提花生油上楼梯的感受。男孩说："我用力气提东西的时候，我觉得我的脸上跑来了很多的力气。"由此我们体会到：幼儿的表现往往是其内心感觉的直接表达，它往往是孩子纯真天性的真实流露。让孩子绘画的目的不就是如此吗？

所以，请尊重孩子在绘画中的思想吧！控制幼儿在绘画中的表达、搬动孩子的内心，那将是一个非常严重的错误。

经验分享4

讲评，童眼看童画

幼儿美术教学活动承载着提升幼儿审美表现能力的使命，活动的评价是必不可少的。然而，在传统教学过程中，讲评还存在很多问题。比如，讲评以教师讲、幼儿听为主，主要围绕美术技巧进行讲评，如画面的布局、线条流畅度、内容丰富度等，幼儿对此往往不感兴趣，讲评环节成了教师的独角戏，达不到应有的教育目的。还有一种情况是，教师煞费苦心创设游戏情境，反而到讲评时脱离了情境，从一个情境的创造者变成情境的破坏者，如此等等，讲评成了最无趣又不能舍弃的环节。

如何使讲评与整个活动融为一体，成为一个亮点，发挥应有的教育价值呢？

1. 用儿童的眼光看童画，让幼儿想听

讲评不是教师的特权。幼儿会用与成人完全不同的视角看世界，用不同的想法解释世界。教师要尽可能地了解幼儿在看什么、想什么，才能和他们有共同语言，才能从幼儿感兴趣的角度进行引导，将幼儿的回答加以提炼，使幼儿在分享交流中扩展经验。如果教师提炼的语言幼儿不能理解，应尽量让幼儿来小结，因为由同伴说出的经验更利于幼儿接受。比如，在"人体秀"的活动中，教师的评价点放在了幼儿对疏密的把握上："XX小朋友分担了画领子的任务，可是最后她什么也没有画，看上去领子却更清楚了。你们知道这是为什么吗？"幼儿回答道："领子边上有很多花纹，这把领子显出来了"。教师回应道："这是一种非常好的方法，以后画线描画时，小朋友也可以去试一试这种方法。"在这里，教师没有把疏密对比等专业术语搬出来，而是让幼儿自己去体会，并鼓励幼儿在以后的活动中加以应用，评价提升的功效由此实现了。

2. 借助游戏情境的语言，让幼儿想说

伴随着游戏情境的展开，教学的要求、幼儿的操作都隐含在游戏当中。在作品评价环节，教师应运用游戏的语言引导幼儿讲评，使幼儿在自主游戏中达成预设的教学要求。

比如，在"笼中的小鸟"活动中，教师这样引导幼儿："谁画的鸟笼又结实又漂亮呢？小鸟最爱住哪个鸟笼？小鸟在笼中饿了怎么办呢？不要忘了给它放上好吃的（手指点画红枣）。"融于游戏情境的讲评才会引起幼儿的共鸣，让幼儿始终沉浸在游戏中，充分地表达自己的不同感受。

再比如，在"特别的我"这一活动中，教师将评价点放在"特别"上，并引入能否进入"特别王国"这一情境，利用发放"通行证"的办法完成评价。在这里，幼儿是发放通行证的"门卫"，为了判断画中的"我"是否特别，幼儿各抒己见，有时甚至相互争执，幼儿间的相互评价在游戏情境中不知不觉地完成了。

3. 根据年龄特点确定评价范围，让幼儿会说

幼儿的求异思维能力较差，听同伴评价一个内容就会都集中到同一个内容上，这就要求教师适时地提出另一个特征，从提出的一定的范围着手，启发幼儿从不同的角度观察、思考。

另外，教师要根据幼儿不同年龄的特点，提出难度适宜的要求和范围。小班阶段，幼儿的无意注意占主导地位，观察物体非常笼统，只能注意到一些自己感兴趣的局部特征，主要对绘画过程感兴趣。教师此时应以平等的伙伴角色和幼儿互动，参与其中，边画边说自己和同伴的作品、绘画的感受，以整体的评价为主。

中班幼儿的有意注意能力增强，能有目的地观察周围的事物，并分辨它们各自的特征；而大班幼儿能够关注到画面的细节，对色彩有自己的审美。针对中、大班幼儿，教师应注意讲评时要从完整讲评转变为局部讲评，着重引导幼儿欣赏自己与同伴作品的不同之处。比如，在"我妈妈"的活动中，教师可以引导幼儿关注妈妈的发型、耳环、眼镜等主要特征。

4. 运用积极鼓励的评价语言，让幼儿敢说

教师在美术活动评价中应注重评价的语言艺术。一般来讲，教师应采用鼓励性的语言，给幼儿以肯定和自信。具体来说，评价要建立在对幼儿了解的基础上，教师要善于通过观察、对话，了解幼儿的活动意图及作品想表达的思想和感受，理解和发现幼儿独特的创意以及个性化的表现方法和表达形式。特别是当幼儿的作品"离谱"时，教师更应站在幼儿的视角努力理解其意图；当幼儿本身也不能清楚地表达自己的意图时，教师应善意地给予诠释。比如，在"好吃的水果"活动中，一名幼儿把大大的西瓜画得很小，教师说："这是谁的西瓜呀？是那种长得很小的新品种吧！看上去很新鲜，我想尝一尝。"有了老师的鼓励，幼儿从"画小了"的懊悔中走出来，高兴地说："我的西瓜虽然小，但很甜。"相信有了这一次经历，幼儿在以后的创作中就会有"形象要画大"的意识。总而言之，教师应善于发现每个幼儿的闪光点与不同点，永远不要对孩子说"你错了"，因为艺术是无错的。

总之，在幼儿园美术教学中，任何一种评价方法都不是万能的。教师应以教学目标为准，以幼儿发展为本，灵活地采用不同的评价方式，促进幼儿去理解美、感受美、表现美、创造美。

案例呈现 4

小班：方格子老虎

设计意图 >>>

在创意美术教学中，幼儿绘画的过程，就是教师顺应幼儿的的情感需要，促进幼儿主动获得技能，并使幼儿在获得技能中得到情感满足与发展的过程。《方格子老虎》是一个饱含着浓浓亲情的故事。借助这一故事，让小班的孩子开展有控制地绘画线条的技能练习，就形成了"情感"与"技能"的和谐统一。

活动目标 >>>

(1) 有控制地运用横线、竖线来表现方格子老虎的特征。
(2) 理解爸爸妈妈对自己的爱，感受一家人在一起的快乐。

重难点 >>>

有控制地运用横线、竖线来表现方格子老虎的特征。

活动准备 >>>

《方格子老虎》教学 PPT，画有老虎外形的操作纸每人一张，棉签，黑色水粉颜料。

活动过程 >>>

1. 萌发情感

教师出示绘本中刚出生的小老虎的图片，帮助幼儿了解小老虎的外形特征。师："这只小老虎和你见过的老虎有什么不一样的地方？"

2. 感知画法

(1) 引导幼儿在感知故事的过程中了解横线、竖线的画法。师："爸爸想画什么样的花纹？妈妈想画什么样的花纹？"引导幼儿边说边伸出手指进行空画练习。

(2) 组织幼儿讨论小老虎爸爸妈妈吵架的原因，理解爸爸妈妈对自己的爱。师："爸爸妈妈为什么吵架呀？能不能想个办法让他们不吵架？"

小结：不管是画横线还是画竖线，爸爸妈妈都希望小老虎变得更与众不同、更漂亮一点，他们都是爱小老虎的。

第三章 教学方法创意——让美术童趣盎然

3. 大胆作画

(1) 请个别幼儿尝试画方格子老虎。

(2) 教师示范画方格子老虎。

教师边画边用情境性语言提示:"爸爸的爱从背上一直画到肚子上,从上到下,从尾巴尖上一直画到尾巴根上;妈妈的爱也好长,从肚子这里一直画到尾巴这里。就这样,小老虎身上变成方格子的了。"

(3) 幼儿带着对老虎的关爱进行创作,教师指导。

教师运用情境语言向幼儿提出画线条的要求:"将线画得长,画到头。爸爸的爱长长的,所以竖线要画得长长的;妈妈的爱也是长长的,横线也要画得长长的。"

4. 分享交流

(1) 师幼个别交流,鼓励幼儿讲述自己的作品。

师:"××画了很多的横线和竖线,他的爸爸妈妈一定有很多很多的爱。"

幼:"妈妈最爱我,每天妈妈都给我讲好多故事。爸爸也爱我,还让我骑大马。"

师:"为什么妈妈的爱只有一条?"

幼:"妈妈在家说了算,只说一句就行。爸爸要说很多话。"

师:"原来,妈妈的爱一条就够了。"

(2) 集体交流,讲述方格子的作用。

师:"谁能来说一说小老虎和爸爸妈妈用方格子做什么游戏了?"

师:"用方格子可以做什么游戏呢?"

幼儿A:"我们可以玩五子棋,每次我都能吃爸爸的子,还能刮爸爸的鼻子。"

师:"我好像看到了你和爸爸玩五子棋的样子。其他小朋友有不一样的想法吗?"

幼儿B:"我可以教爸爸妈妈玩幼儿园玩的跳房子。"

师:"这个主意不错。我猜,爸爸妈妈小时候也玩跳房子呢,不信可以问一问。"

(3) 回归绘本,引导幼儿欣赏故事中方格子的作用。

作品欣赏 >>

妈妈说了算，只说一句就行，爸爸要说很多。
图 3.51

我听爸爸的，也听妈妈的。
图 3.52

教学思考 >>

小班孩子更需要单独讲评

集体美术活动的讲评方式有许多种，如集体讲评、单独讲评、同伴互评等，甚至还可以邀请家长参与到讲评活动中来。

小班幼儿年龄小，注意力集中的时间较短，而美术活动的时间一般又比较长，这种情况下再去组织集体讲评，其效果可想而知。相比较而言，单独讲评有无可比拟的优点和长处，教师可以在比较恰当的时间给幼儿以及时的指导和鼓励。因此，在小班的讲评活动中，单独讲评还是比较常见的。

在《方格子老虎》这本书中，妈妈的爱是横线条，爸爸的爱是竖线条。教师利用这个充满爱的故事，引导孩子进行有控制的横线、竖线练习。活动中，教师看到一个孩子只在小老虎身上画了横线条和竖线条，尾巴上却一条也没有，感到很奇怪，问："怎么小老虎的尾巴上没有爸爸妈妈的爱呢？"孩子的回答让教师很意外："如果都画上的话，爸爸妈妈不认识小老虎了怎么办？""这样画爸爸妈妈就能认出来吗？""对，看看尾巴就知道了！""明白了，这真是一只为爸爸妈妈着想的小老虎呀！"

在这里，单独讲评使教师了解了孩子的作画心理，充分尊重了孩子的意愿和想法，让孩子的表达更个性、更纯真、更美好！

小班：小鸟

设计意图 >>

春天的脚步渐渐临近，幼儿园的院子里时常能看到小鸟的影子。户外活动时，孩子们最喜欢的就是闻闻花香，晒晒太阳，聆听小鸟的叫声。尤其是在"小小蛋儿把门开"的主题活动中，孩子们对"小鸟出壳"的过程产生了浓厚的兴趣。此次美术活动正是在孩子已有经验的基础上生成的，让孩子们在游戏中充分地体验美术活动的乐趣。

活动目标 >>

(1) 用大小不同的圆形和线条表现小鸟的特征。

(2) 感知丰富的色彩，体验美术活动的乐趣。

重难点 >>

重点：初步尝试用大小不同的圆形和线条表现小鸟的特征。

难点：能用两个圆来表现不同姿态的小鸟。

活动准备 >>

经验准备：组织幼儿散步时观察小鸟、小鸟图片。

材料准备：8开长方形铅画纸、棉签、水粉颜料、抹布、调色盘。

活动过程 >>

1. 情境导入，激发兴趣

(1) 播放小鸟的叫声，提问："听听谁来了？"

(2) 出示图片，引导幼儿观察小鸟的特征。师："小鸟长什么样？"重点引导幼儿观察小鸟的姿态和颜色。

(3) 师："一只小鸟好孤单呀！我们帮它找一个好朋友吧！"

2. 儿歌示范，学画小鸟

(1) 教师用儿歌示范小鸟的画法："两个蛋宝宝排排队，小小嘴儿钻出来，圆圆眼睛睁开来，拍拍翅膀钻出壳，小小鸟儿飞起来。"

(2) 个别幼儿尝试画小鸟，教师发现问题及时纠正。

3. 幼儿创作，教师指导

（1）画小鸟。教师指导幼儿学习用圆形和线条表现小鸟的头和身体，边念儿歌边添画小鸟的嘴巴、眼睛、翅膀和腿。画完后，请幼儿用自己喜欢的水粉颜色涂色。

指导要点：

- 鼓励幼儿大胆地选择和使用水粉颜料。
- 添画眼睛和嘴巴时，可以选用黑色或有区别的颜色。
- 用情境性语言鼓励幼儿变化两个圆的组合位置，表现不同形态的小鸟。比如：小鸟和朋友在一起干什么？有的在唱歌，有的在跳舞，有的在比赛看谁飞得高，还有的在草地上找东西吃……

（2）添画背景。师："小鸟在哪里？"

鼓励幼儿大胆添画背景，可以引导幼儿运用点彩的方法对画面空白处进行点缀。

4. 欣赏、分享

鼓励幼儿大胆讲述，交流分享。师："说一说小鸟们在干什么？有什么好玩的事情？"最后，教师将幼儿讲述的内容编成一个有趣的故事或儿歌，让大家欣赏。

作品欣赏 >>>

小小蛋儿把门开，钻出一群七彩鸟！

图 3.53

绿鸟红鸟飞上天，黄鸟忙着造新房。

图 3.54

第三章　教学方法创意——让美术童趣盎然

红鸟美丽如鲜花，关在笼里闷得慌！
图 3.55

蓝鸟绿鸟比飞行，黄鸟后面追得紧。
图 3.56

可怜蓝鸟不会飞，急得地下打转转。
图 3.57

红鸟屁股扭一扭，黄鸟翅膀拍呀拍，
鼓励蓝鸟不要怕，刻苦练习就会飞。
图 3.58

教学思考 >>>

故事讲评让幼儿增加自信

　　以往美术活动的最后一个环节大多是讲评交流，目的是让孩子大胆地讲述自己的创作并欣赏同伴的作品，最后教师再进行小结总评。这样做的结果往往是在几个孩子的发言之后草草收场，教师的讲评也只是蜻蜓点水，起不到提升经验、推波助澜的作用。其实，除了自评、集体交流方式外，还有几种方式也不错，如诗歌讲评、故事讲评等。

　　在这个活动的最后讲评环节，教师先是让孩子们把自己画的小鸟分享给大家欣赏，而当教师讲评时赫然发现，把孩子们的作品重新组合一下就变成了一个生动有

153

趣的绘本故事。于是，教师就富有感情地讲起了孩子们的创作：

这是一群彩色的小鸟，有的刚刚从蛋壳里伸出嫩嫩的爪子，有的还藏在蛋壳里睡觉呢！这只红色的小鸟是第一个钻出壳的，瞧它多胖呀！

红色的小鸟扭着屁股在跳舞，黄色的小鸡张开翅膀想要飞。这只蓝色的小鸟是最后出壳的，眼睛还没睁开呢！

这两只蓝色的小鸟飞得好累啊，总会掉下来，好辛苦！后面黄色的小鸟使劲地喊："加油！加油！"

哎！可怜的小蓝，它仰着头看着哥哥姐姐在天上飞，好着急啊！它努力地飞，可是飞不起来，急得它来回走，留下了一串串的脚印……

瞧，幼儿的作品一点都不亚于绘本大师的作品！小鸟们或神采奕奕，骄傲不已；或闷闷不乐，独自忧伤……不同的形态诉说着小鸟们的故事。当教师讲完的那一刹那，孩子们的表情是惊喜，是激动，是满足。有的孩子还急急地说："老师，我要再画一张，我要帮助小蓝鸟，让它也飞起来！"这一刻激起了孩子们再次作画的欲望，他们这时不再是为画而画，而是融入了自己最真挚的情感。

像这样的讲评方式，教师也可应用到其他的活动中，如美术活动"桃树下的小白兔"、"满园青菜成了精"、"汉堡爷爷"等，都可用续编故事的讲评方式。孩子们会因为自己的作品被编进故事中而自信满满，对美术活动的兴趣和激情也会越发高涨。

中班：人体秀

设计意图 >>>

中班下学期，幼儿的探索和合作能力都有很大的提高。在尝试使用多种材料进行作画后，他们对人体作画产生了兴趣。"手指、手掌、手臂甚至脚都能作画，那么整个身体可以用来作画吗？"面对孩子的这个疑问，教师引导孩子尝试通过同伴合作描画人体外轮廓的方法创作大幅作品，让幼儿在同伴合作中碰撞出创作的火花，唤起创作的灵感和热情。

活动目标 >>>

（1）小组合作共同完成一幅人体秀作品，体验用身体作画的乐趣。

(2)运用线描的方法装饰画面,体会装饰纹样的美感。

重难点

同伴合作运用线描的方法创造各种图案装饰画面。

活动准备

4张整开的大纸、各种颜色的记号笔、油画棒。

活动过程

1. 交流讨论

(1)师:"我们的身体哪里可以用来作画?"

(2)师:"用整个身体来作画可以怎么做?"

2. 合作创作

(1)商讨合作要点,描画轮廓:每组请一名幼儿躺在纸上,想办法让头、身体和四肢都在纸内,摆好姿势后贴在纸上不动,请1~2名幼儿用记号笔沿他的身体勾画出轮廓线条(见图3.59)。

图3.59

(2)合作进行线描装饰:小组多名幼儿一起在轮廓线内进行线描装饰(见图3.60)。线描创作时要注意以下几点:

- 可以先根据画面上人物的造型特点确定一个身份,如性别、职业、爱好等。再商量衣服上图案的主题,如运动员就可以在衣服上画上相关的运动器械。
- 注意分工负责,互相配合。每人负责一个块面的装饰,注意线条的方向可以根据各个部分的不同而确定,尽量做到统一。

图3.60

(3)进行最后装饰,完善作品。用油画棒沿轮廓线画一圈,再用餐巾纸把线条抹开,产生晕染的效果。

3. 作品展览

（1）组织幼儿讨论自己小组的作品有什么特点。

（2）展览作品，各小组派代表介绍自己小组作品的特点，教师要引导幼儿欣赏、评价其他小组的作品。

作品欣赏 >>>

图 3.61

图 3.62

教学思考 >>>

孩子间的交流胜过教师的讲评

美术活动中，教师经常通过讲评梳理经验、解决难点，以提高幼儿的绘画水平。但通过这次合作活动，教师惊喜地发现，在合作中幼儿可以充分地交流，而且更切合幼儿的需要，交流的意见更利于同伴接受，这样的交流产生的即时效果远远优于教师讲评的效果。

镜头一

在给同伴身体画轮廓线的过程中，幼儿通过交流确定人物的位置和姿态。比如，有的幼儿说："胳膊和腿不能直直的，这样从纸里出来了，画一半腿多难看。"还有的幼儿说："还是扭一扭，像跳舞一样，胳膊和腿又能画全，还很好看呢。"

镜头二

在进行线描装饰时也有分工合作,并进行了如下对话:

"你来画粗线,我来画细线好吗?""不,有粗有细才好看呢,你先画粗线,我在粗线空隙中画细线!"

"我画了很多折线和点,很好看吧?""嗯,很好看,我也要画这样的。""你最好换一种,和我的差不多,但不要一样。"

"我帮你画吧,你看你这里还没画呢?""我不想画这里,老师说空着也很好看。"

"我们快画完了,真好看!"

这样的交流对话一直伴随幼儿的创作过程,使幼儿专注投入,远远胜过教师的说教。所以说,评价,不是教师的特权,而是有意义的分享,让孩子们分享情感、分享快乐、分享成功!

大班水墨画:运动的人

设计意图 >>>

第十一届全运会期间,孩子们跟随爸爸妈妈观看了很多比赛,然后在幼儿园会和其他小伙伴交流自己感兴趣的运动项目和喜欢的运动员。看到孩子们对运动项目这么关注,教师从报纸、杂志上收集了许多比赛时的图片,让孩子进行临摹。大班幼儿对于水墨绘已经有了一些经验,本次活动尝试让幼儿用水墨画的形式表现运动的人,区别于传统的梅、兰、竹、菊的水墨选材,别有一种韵味。

活动目标 >>>

(1)学习用侧、中锋来临摹运动的人,表现人物的动态美。

(2)在人物轮廓的基础上着色,并添画相关的运动器械。

重难点 >>>

能用水墨的形式表现出不同动态的运动员。

活动准备 >>>

经验准备:幼儿通过电视或现场观看运动比赛。

材料准备:比赛项目的图片展,水墨,毛笔,宣纸,调色盘,水彩。

活动过程

1. 说说运动项目

(1) 师:"最近,好多小朋友观看了运动比赛,说说你都了解哪些运动项目?"

(2) 组织幼儿观看运动项目图片展,并请幼儿说说自己最感兴趣的运动项目是什么。

2. 观察运动员的姿态

(1) 教师模仿各种运动员的造型,幼儿猜测运动项目。

(2) 教师结合图片分析各种运动员的姿态,幼儿观察模仿。

(3) 幼儿重点观察运动员的姿态、表情以及手部和脚部的动作。

①举重运动员:运动员的表情是什么样的?看看她的五官有了什么变化?

②跳水运动员:运动员跳起来在空中的姿势是什么样的?

小结:每个运动员的表情不同,运动姿势不同。

3. 示范讲解并提出创作要求

师:"用浓墨中锋勾勒人的轮廓,用淡墨侧锋画人物的头发。毛笔蘸好墨后,用一支笔画到底,最后着色。"

师:"小朋友可以选择最喜欢的运动员来画,还可以添加上运动器械。"

4. 幼儿创作,教师指导

指导要点:

- 大胆落笔,不要重复,画错了也不要紧。
- 不要只画图片上的,自己想到的也可以画出来。
- 要让墨色有变化,用中锋画轮廓,用侧锋涂色。画好运动人物后,用毛笔蘸水彩上色,要求有浓淡和晕染效果。
- 根据运动项目添画相关的运动服、运动器械等。

4. 欣赏作品,相互交流

(1) 鼓励幼儿介绍自己的作品,并学一学自己画的运动员的姿态。

(2) 教师讲解构图和浓淡墨的使用,提升孩子的水墨画知识。

第三章　教学方法创意——让美术童趣盎然

作品欣赏 >>>

体操运动员的腿特别软，一踢，踢到这儿，我也想和他一样。
图 3.63

举重运动员可有劲了，她举杠铃的时候就会使劲地喊。
图 3.64

滑冰运动员轻轻一滑，他的衣服就能飘起来。
图 3.65

鞍马运动员跳起来的时候，像小兔子一样灵巧。
图 3.66

教学思考 >>>

像不像，不是评价的标准

　　水墨画有它独特的绘画方法，不同于其他作画形式可以慢慢着色、反复勾画，它强调一笔画出来，不能复笔。这样的特点不仅要求幼儿大胆落笔、大胆创作，同时也对教师的评价提出了新的要求。

　　毛笔的软度使幼儿很难从容创作，笔触好像回到了小班时的样子，稚拙、不流畅，同时幼儿也很难把人物的五官、表情等细节表现出来。教师提供的运动员的图片和幼儿所画的水墨人物之间存在很大的落差，那么怎样评价幼儿的水墨创作呢？

　　（1）忽略形象，追求神似。幼儿所画的人物，尽管身体比例失调、五官挪位，却有神似胜过形似的特点，夸张地表达了幼儿对运动人物的感受,朴实、烂漫、可爱、动人。因此，像不像，不能成为评价的标准。只要幼儿表现出了运动员的神态，就值得鼓励和肯定。

(2) 忽略错误，追求敢画。大班幼儿尽管有一些水墨作画的经验，但用起毛笔来仍然不够熟练。因此，在教学过程中，教师激励幼儿"大胆落笔，不要重复，画错了也不要紧"，让幼儿在轻松自由的气氛中作画，没有拘束和顾虑。在评价时，能够大胆作画就成为教师首先肯定的方面，即使幼儿因思考不周而画错了，也无关紧要。

(3) 忽略写实，提倡添加。幼儿自己有对运动项目和运动员的独特理解，要让幼儿充分地表达，就要鼓励幼儿"不要只画图片上的，自己想到的也可以画出来"。"鞍马运动员"一图（见图3.66）中，幼儿就把自己对鞍马运动的认识画了出来，把无生命的运动器械变成了有生命的动物，把高高跳起的运动员比喻成小兔子。

总之，教师的评价应尊重幼儿的年龄特点，以鼓励为主，从而保护幼儿对美术活动的兴趣。

大班：特别的我

设计意图 >>>

进入"不一样的我"这一主题后，幼儿已经能够了解自己与同伴外在的不同，如何让幼儿进一步表现自己在外形、个性、能力等方面的独特性呢？美术活动"特别的我"就以版画的形式，让幼儿深入了解自己的特别之处并夸张地表现出来，从而形成积极的自我评价，产生自我欣赏的积极情感。

活动目标 >>>

(1) 尝试用版画的形式夸张地表现自己的特征，体验版画制作的乐趣。

(2) 感受到每个人都是与众不同的，懂得用积极的态度评价自己和朋友。

重难点 >>>

能用版画的形式大胆夸张地表现出自己最有特点的地方。

活动准备 >>>

幻灯片（漫画作品）、吹塑纸、刮画笔、8开黑色卡纸、铅笔、水粉、水粉笔、抹布。

活动过程 >>>

1. 观察讨论，每个人都与众不同

(1) 师："每个人都有和别人不一样的特别之处，谁来说说自己的特别之处？"

(2)出示课件,请幼儿观察漫画人物。师:"'特别王国'里的人什么地方很特别?"

2.交流讨论,怎样画出特别的自己

(1)创设情境,激发幼儿的活动兴趣。

出示邀请卡,激发幼儿兴趣:"'特别王国'的国王给我们带来了邀请卡,如果谁非常特别,就能得到邀请卡,去参加'特别王国'的宴会。"

(2)引发创作思考:"你想把自己哪里画得很特别?"

3.师生共同示范版画的方法

(1)讲解刻板要求:用刮画笔在吹塑纸上画出特别的自己,要尽量大胆夸张,画面要大,线条要粗一点,这样在印的时候画面才会漂亮,"特别王国"才会邀请你。

(2)示范演示印色方法:用水粉笔蘸水粉颜料,在画好的吹塑纸上涂色。要紧贴一个块面的边缘线涂色,涂完一种颜色之后,要快点印到黑色卡纸上。印的时候要把纸和版对齐,一手按好,一手轻轻压一压。

4.幼儿作画,教师巡回指导

指导要点:

● 大胆运用夸张的手法把自己与别人不一样的地方画得很大或者很小。

● 刻板时注意线条要粗,尽量深一些。

● 涂颜料时要贴着轮廓线,涂后要及时印。

● 学习运用叠印的方法,比如在印好的脸上印上红红的腮红,在额头、鼻子上印上斑点等。

● 蘸颜料时先蘸白色,换颜料时要用抹布擦净笔头。

5.欣赏讲评,比比谁最特别

(1)请幼儿讲述自己的作品,说一说自己的设计中什么地方变得很特别,并给自己取一个特别的名字。

(2)请幼儿评选谁最特别、最与众不同,谁就能最先得到国王的邀请信去参加宴会。

作品欣赏 >>>

我鼻子特别长,什么好吃的味道都能闻出来,妈妈说我是"长鼻子"。

图 3.67

我换牙了,龋齿没有了,真高兴。

图 3.68

教学思考 >>>

"通行证"成为幼儿互评的标尺

"特别的我"采取版画这种新颖的创作形式,对幼儿来说具有强烈的吸引力。在第一次执教过程中,虽然整个版画创作时间较长,但是孩子们一直兴趣盎然,每个幼儿的作品都别具特色,夸张的造型将"特别的我"表现得淋漓尽致。但是令人感到遗憾的是,最后的欣赏讲评环节教师依然以固定的模式,引导幼儿讲讲自己的作品,说说最喜欢的作品,在平淡近乎枯燥的讲评中结束活动。幼儿倾听欣赏时所表现出的情绪状况,与创作时的积极投入形成鲜明的对比。

在幼儿美术活动中,讲评环节很容易平淡、枯燥乏味,造成教学过程的虎头蛇尾现象。怎样改变这种现象,让讲评环节充分发挥作用呢?

(1)"通行证"让讲评更具吸引力。教师创设了"特别王国"的情境,以带幼儿参加"特别王国"举行的盛大宴会为由,激发幼儿的创作热情。为了能收到国王的邀请信,幼儿想方设法将自己特别的部分夸张地表现出来,作品效果较第一次创作有了明显变化。在最后的讲评环节中,教师以获得参加"特别王国"盛宴的"通行证"作为对幼儿作品的鼓励和奖赏,使幼儿的情绪更加高涨。每个人都讲出了作品中自己的特别之处，而且取了一个好听的名字，就连那些平时不爱表达的幼儿也出乎意料地介绍了自己的作品。这让我们感到情境的魅力，情境也让讲评环节更有目的、有内容。

（2）"通行证"让幼儿互评标准更具体。幼儿的作品都是别具一格、与众不同的，该从何入手进行评价呢？"通行证"成为幼儿互评的标尺。孩子们围绕"特别"进行分享交流，每个人都在专心倾听他人的讲述，积极参与同伴能否获得"通行证"的过程。在相互学习和观摩的过程中，幼儿的自信心逐渐增长。同时，这也是一个提高幼儿审美能力，集思广益的过程。所以在美术活动中，教师有目的地引导幼儿互相欣赏和交流是十分重要的。

教学是一种师生互动的活动，绘画教学作为儿童自我表达的一种活动，更应该突出儿童的主体地位，强调儿童的主动参与和主体性的发挥。作为教师，我们应极力与儿童的目标保持一致，达到教与学的平衡。只要我们给孩子们一片想象的天空，他们就能创造出一个七彩的世界。

第四章

借形想象创意——让童心自由放歌

生活中的形无处不在。自由飘逸的云、连绵起伏的山、抹布拖出的墨块、一条随意涂鸦的线条、一个个不规则的土豆、一件废旧的物件……这些东西因为融入了孩子无尽的遐想，而被赋予了灵动的生命力，成就了想象的艺术，点燃了幼儿创意想象的灵光。在孩子们无拘无束的想象中，在他们自由自在的涂抹中，我们听到了来自童心世界的自由歌唱，清纯、灵动！

经验分享

给孩子一个想象的支点

爱因斯坦说:"想象力比知识更重要,因为知识是有限的,而想象力概括着世界上的一切,推动着进步,并且是知识进化的源泉。"一切新事物的出现,一切人类历史进程的推动都离不开想象力的活动。想象力的发展是智力发展的一个重要部分,想象力的培养对智力的发展、对个性的发展都起着重要的作用。

从心理学的角度来分析,想象是人脑对已有表象进行加工改造而形成新形象的过程。简言之,想象就是再创造的过程。

想象与创造是幼儿的天性,在创意美术过程中,教师主要通过借形想象来拓展和提升幼儿的想象力。所谓借形想象,是指为孩子的无尽想象提供一个支点,使孩子借一定的"形"实现想象再创造。幼儿既能借助实体的"形"进行二维空间的想象拓展,又能进行三维空间的创造架构,甚至还能借助抽象的"无形的"事物进行想象绘画。

1. 二维空间的想象拓展

通过点、线、面的游戏,大自然及日常生活中的任何物品都可以用来激发幼儿的无尽遐想。

(1)点的组合应用。用废旧的瓶盖拓印出的一个形象是点,然而很多这样的点经过不同的组合方式,在孩子们眼中就变成了毛毛虫,变成了小火车,变成了大象吹的泡泡。把一个手指拓印在纸上,经过添加五官,就成了孩子们的个性身份证……

(2)线的交错想象。密集交错的车轮滚画,笔直纤细,成了能捕捉很多蚊虫的蜘蛛网。在废旧的三合板上,通过腻子的滴洒与流淌,曲直弯绕,更像是线条的舞蹈……不同的质感引发了幼儿不同的想象。

(3)面的添加创造。水果剖面的大块拓印,经过幼儿的添加想象,一个个不同姿态、不同表情的水果娃娃跃然纸上。把平时用于玩耍的皮球拓印在纸上后,孩子们依据皮球的弹跳特性想到了蹦跳的小兔子……

二维空间中点、线、面的相互组合与转换,以不同的形象和质感给予幼儿不

同的感受和想象空间,这是个性化作品形成的基础,也是创意美术最为美丽的开端。

2. 三维空间的创造架构

立体的物品给予幼儿的想象空间是多维的。从上、下、前、后、左、右不同的角度观察,这些立体的物品在孩子眼中就会出现不同的形象,进而让幼儿的想象空间更加宽广。一块陶泥从不同的角度观察,在孩子手中可塑造出多个形象,如狮子、猴子、美人鱼等;一个土豆在孩子手中可以变成形态各异的土豆人;方方正正的大型泡沫板经重组装饰就成了高科技的机器人……凡是可以用来进行再创造的物体,只要摆在孩子们面前,他们的答案总会让人们意想不到。

3. 从"抽象感知"到"具象表现"的个性展现

随着幼儿年龄的增长,他们的创造思维及表现能力也随之发展,他们不仅能够借助一定的形进行想象再创造,还可以将抽象感知的"无形物"以"有形"的方式富有个性地展现出来,而这种"有形"充分展现了孩子们脑海中对已有表象的加工再创造。

比如,几乎每个人都经历过感冒,打过针、吃过药,那么青霉素与感冒病菌是如何对抗战斗的呢?空气中的氧气是人们生存的必备条件,氧气精灵是什么样子的呢?故事中天使因为有一对翅膀所以会飞,那么天使的翅膀是什么样子的?孩子的想象没有雷同的现象,就像天下没有两片完全相同的树叶一样。

借形想象给予孩子一个想象的支点,给予孩子一个雀跃于无际幻想的空间,让他们可以张开想象的翅膀,翱翔在创意的天空。让我们跟随孩子们的奇思妙想走进他们纯净稚趣的童心世界吧!

幼儿园美术活动创意设计

案例呈现 1　　　　点的创造

小班：盖盖真好玩

设计意图 >>>

区域活动时间，教师发现，幼儿对美工区塑料瓶上的盖子爱不释手，一直不停地把玩。何不借助瓶盖开展一节印画活动呢？让孩子选择瓶盖进行拓印，然后根据拓印而成的点进行想象。这样，孩子们在完全轻松的状态下无拘无束地"玩"美术，其兴致所至的创作，一定是纯净的、质朴的、灵动的、美好的。

活动目标 >>>

(1) 愿意用各种瓶盖拓印泡泡，感受拓印的乐趣。
(2) 对画面进行简单的添加想象。

重难点 >>>

大胆印画并合理想象。

活动准备 >>>

1开红色纸对裁粘贴，大小不一的瓶盖（有的可以印出平面），4~5个托盘装有黄、白、黑水粉颜料，细棉签若干，吹泡泡的工具。

活动过程 >>>

1. 吹泡泡

教师吹出一串泡泡，引起幼儿的兴趣，引发认知和观察。师："泡泡是什么样子的？有多少泡泡？"

2. 小瓶盖吹泡泡

以"小瓶盖吹泡泡"为题，引发幼儿创作："小瓶盖也想来吹泡泡，我们来帮帮它们吧！"

教师演示并讲解印画的方法："小小瓶盖真好玩，我的双手握上面，颜料盘中蘸一蘸，再在纸上按一按，一串串泡泡变出来。"

3. 大家一起吹泡泡

教师启发引导，鼓励幼儿大胆尝试印画："谁想来帮帮它们？看谁吹出的泡泡又多又好看！"

（1）幼儿在红色长条纸上印画。

引导幼儿散点排列："调皮的泡泡飞起来了，有的飞到这儿，有的飞到那儿。"提醒幼儿可以用盖子的背面印印试试。

（2）对画面进行简单的添加想象。

师："小动物看见了也想来一起吹泡泡，快点用这根魔术棒蘸上颜料，把爱吹泡泡的小动物变出来吧。"

4. 欣赏讲评

师："有什么小动物在吹泡泡，泡泡是什么颜色的？飞到哪里去了？"鼓励幼儿间分享交流。

作品欣赏 >>>

幼儿A：小动物吹出的泡泡变成了小火车，开跑了。
幼儿B：大象吹出的泡泡，跑到了小朋友的脸上。

图4.1

小班：我的身份证

设计意图 >>>

为了解决游戏区人多太乱的问题，教师和孩子们讨论后决定制作身份证，即进区卡。以往，教师会在一张纸上贴上幼儿的照片，再进行装饰塑封完成。除了这种方法，还可以制作一张怎样的身份证呢？作为进区使用证件，身份证不能太大，而在小纸上作画对小班幼儿来说是一个很大的挑战。于是，教师想到了手指点画的活动方式，借助手指纹的创作，将指纹的唯一性与身份证的特性巧妙结合。

活动目标 >>>

（1）运用手指点画的方式创造人物形象，感受小型作画的乐趣。

（2）了解每个人的指纹是不一样的，是自己独有的特征。

重难点

运用手指点画的方式创造人物形象。

活动准备

经验准备：幼儿了解身份证的作用及内容。

材料准备：2寸大小的彩纸每人两张，肉色水粉，签字笔，啫喱笔。

活动过程

1. 感受身份证的独特性

教师出示身份证后，提问："认识这是什么呀？你都见过谁的身份证？他们的身份证一样吗？哪里不一样？"（对于小班幼儿来说，主要了解到照片不一样即可）

小结：原来每个人的身份证都不一样，只要看到身份证上的照片就知道是谁的身份证了。

师："你们想不想也有一张自己的身份证呢？身份证应该是什么样子的呢？"

小结：身份证要小一点，要和别人不一样，让人能认出是谁。

2. 感受指纹的独特性

(1) 引导幼儿尝试运用手指指肚蘸肉色水粉点画。师："比一比每个人的指纹与别人一样吗？"

(2) 小结：每个人的指纹都不一样，就像身份证也是每个人都不一样，所以用指纹来做身份证就不会和别人搞错了。

3. 制作身份证

(1) 手指点画，引导幼儿注意变化自己手指点画的方向，表现人物胖瘦和姿态的不同。

(2) 等画面晾干后，用签字笔添加五官、发型及四肢动作，用啫喱笔添画服饰等细节。

(3) 添画不同于别人的具有代表意义的细节。

4. 交流分享

将身份证摆放在一起，请幼儿认一认、说一说，找一找自己的好朋友在哪里。

第四章 借形想象创意——让童心自由放歌

作品欣赏 >>

妈妈带我去查眼睛，医生就给我戴上了眼镜，这个戴眼镜的小男孩就是我。

图 4.2

我耳朵很大，辫子也很长，这就是我的身份证。

图 4.3

教学思考 >>

了不起的点

点，是最普通的美术元素。一个瓶盖压出来的点、一个手指点出的点，却可以成就不一般的创造。

"我的身份证"是一个有趣且富有创意的活动，活动的创意不仅表现在以点带面的特征的添画，更表现在活动设计的独特巧妙让孩子们感受到小型作画的乐趣。

与美术活动中的人物绘画相比，一个点能做什么？孩子能在这么小的点上进行添画吗？于是，教师考虑到将这个点拓印在2寸大小的纸上，以纸的小衬出点的大。孩子可以把点作为人的脸，甚至是身体。活动中，手指点画不仅解决了幼儿画圆的困难，而且因为纸张的小，更促使孩子们用心细致地添加线条。

在表现人物动态方面，师生通过讨论尝试后发现，手指点画可以利用手指的不同方向表现人物的胖瘦及头部姿势，再经过四肢动态、局部特征的添加，一个有动感、有表情的人便跃然纸上。这样的点的创作带给孩子的不只是惊喜和快乐，更激发了孩子今后点画创作的灵感。

这个活动的创意不仅在于通过一个点表现一个人，还将指纹与身份证的独特性巧妙地结合，充分体现了教师在设计活动时的独具匠心。

案例呈现 2　　线的思考

中班：牵着线条去散步

设计意图 >>>

中班幼儿手部控制能力明显增强，但是还不能自如地运用线条表现形象。此活动为幼儿提供了自由想象表达的空间，让幼儿既能熟练地运用线条，又能借助线条交叉形成的密闭空间进行想象创意。

活动目标 >>>

(1) 随意勾画出多种形式的线条。

(2) 能根据线的交叉块面进行想象添加，体验作画的乐趣。

重难点 >>>

勾画出多种形式的线条，并根据线条交叉块面进行想象添加。

活动准备 >>>

记号笔、铅画纸、油画棒。

活动过程 >>>

1. 创设情境，引发兴趣

师："今天小画笔要出去散步，我们看看它要到哪里去玩。"

2. 情境中示范，渗透技法，引发想象

(1) 以"外出散步"为题，渗透技法。

师："小画笔爬上高山（勾画弧线）；小画笔来到城市广场兜了一圈（画出螺旋线）；小画笔一蹦一跳地走过草地（画出锯齿线）；小画笔来到大海边（画到纸的边缘）；小画笔又要出发了！（引导幼儿在纸上多画几组线条）"

(2) 以"找出朋友"为题，示范想象的方法。

师："小画笔累了，坐在大海边休息，听到一个声音在喊它，原来是它的好朋

第四章 借形想象创意——让童心自由放歌

友来了。好朋友在哪里呢?快帮小画笔找一找。找到什么了?"(根据某一动物的典型特征,在线条构成的现有图形上进行想象添画,如画出鱼尾巴,画出动物的耳朵等)

教师示范添画眼睛及其身上的斑纹,并讲解:"我找到了小画笔的好朋友大公鸡,我先给它画眼睛,这样小画笔一眼就认出它的好朋友了,再来画它身上的斑纹。

3. 幼儿作画

(1)鼓励幼儿大胆作画:"你的小画笔还想到哪里去散步?它的好朋友藏在哪里了?让小画笔把好朋友打扮起来吧!"

(2)引导、点拨作画方法:"找到好朋友,赶紧把它的眼睛画出来,然后给它穿上漂亮的衣服。"

4. 欣赏、讲评

引导幼儿讲解自己的画面故事,教师提升总结:"小画笔外出散步,发生了什么事?小画笔是怎么和好朋友做游戏的?快来讲一讲吧!"

作品欣赏 >>>

图A:小画笔去散步,跑到海里遇到了小海马,还有刺豚和水母,他们成了好朋友。
图B:小画笔去散步,看到鳄鱼在讲笑话,小鸟和马听得都很认真。
图C:小画笔去散步,找到了很多好朋友,有小狗,还有大白鹅。
图D:小画笔去散步,碰到小兔子:"小兔子,你好哇!"它还碰到大恐龙,大恐龙带它去找到了它的好朋友小猴子。

图 4.4

教学思考 >>>

让线条和着心灵的节拍一起律动

线条是绘画的元素和语言。本次活动中,在关于线的不同形式的创作过程中,教师依托幼儿已有的生活经验,创设生动有趣的游戏情境,使孩子们在线条的表现过程中开始由无意涂鸦转向有意涂鸦,而也正因为有了有意义的情感、生活的再现,画面显得愈加丰富和生动。

"牵着线条去散步"打破了幼儿不敢画大的心理,让幼儿手中的线条伴随着散步的情境,无限伸展,不断变化。"小画笔爬上高山,来到城市广场兜了一圈,来到大海边。你的小画笔想到哪里散步呢?"教师的点拨和引导,充分唤起了孩子散步的经验,这时候,孩子笔下的线条,流淌的是快乐。

"是谁在喊小画笔?好朋友和它捉迷藏呢!快把它找出来!"这一藏一找,让孩子笔下的创作充满了新奇和情趣。"好朋友是什么样子的?让小画笔把它打扮起来吧!"带着情节的创作,让孩子的作品充满了关爱和真情。

普普通通的线条所包含的绝不只是"画"的动作,它流淌着幼儿快乐的心情,唤醒了幼儿创造的激情……让孩子牵着线条去散步,让线条和着孩子心灵的节拍一起律动。

大班:元旦的畅想

设计意图 >>>

在孩子的眼里,"图"和"字"是一对好朋友。当孩子对"字"有所了解之后,开展关于文字的借形想象是很不错的选择。

在元旦来临之际,借助"元旦"这两个汉字的本意,对幼儿进行文字借形想象训练是非常有趣又有意义的活动。它既可以让幼儿充分地感受"元旦"的节日气氛,又能有效地激发其创新意识。

"旦"字的本意是太阳,本次活动就以"新年的太阳是怎样升起来的"为设计出发点,把"旦"字想象成拟人化的新年太阳形象,启发幼儿展开丰富的想象,思考是谁帮助太阳升起来的。同时,对"元"字也进行相关的想象。最后,请幼儿讲述自己创编的精彩故事。整个活动充满童真和快乐,极富吸引力,能让幼儿在无

拘无束的想象中大胆表现，感受想象活动的乐趣。

活动目标 >>>

(1) 了解"元旦"的来历以及汉字"元"、"旦"的意义。

(2) 将汉字的外形加以延长，添加相关想象，体验利用文字进行借形想象的乐趣。

重难点 >>>

将"元旦"两字进行大胆的借形想象，添加与元旦相关的事物。

活动准备 >>>

经验准备：活动前丰富幼儿关于元旦的知识。

材料准备：16开橙色、黄色彩纸，炭笔，彩色粉笔。

活动过程 >>>

1. 谈话活动，帮助幼儿了解元旦的知识

(1) 讲解"元"、"旦"两字的含义（"元"有开始之意，"旦"指天明的意思。元旦便是一年开始的第一天）。

(2) 教师讲解"旦"字的演变，激发幼儿对文字的兴趣。

2. 示范作画

教师示范文字变形方法：在纸上写上"元""旦"两字，然后将两个字的笔画进行延伸或变形，启发幼儿想象被分割成的形状各异的块面像什么，把它变成与元旦有关的事物。

3. 幼儿创作，教师指导

指导要点：

● 将字写得尽可能大，占满整张纸，然后将字的笔画延伸。

● 幼儿添加想象：添加与元旦有关的内容。先画出主要形象，再进行添加，然后以线描的方法进行装饰。

4. 展示作品，分享交流

(1) 请幼儿讲述自己的作品故事。

(2) 引导幼儿相互欣赏："你最喜欢谁的'元旦'的故事？"

作品欣赏 >>>

方方的"旦"字通过添加变成了戴着帽子坐在船上的太阳弟弟,"元"字变成了可爱的小兔姐姐。瞧,小兔姐姐正拿着好玩的棒棒糖,把太阳弟弟从海里拉出来:"快来,快来,你要不出来就吃不到棒棒糖了!"

图 4.5

刚过了圣诞节,就到了元旦。一大早,圣诞老公公就揪着太阳妹妹的小辫子把她拽起来:"快起来吧,新年来到了,你看这世界多美丽,快来看看吧!"可是太阳妹妹本来睡得正香,被叫醒后,她很不高兴,都要掉眼泪了!

图 4.6

鸟儿们飞到大海上,大声唱起歌,害羞的太阳姑娘听到这么美的歌声就露出头来,也忍不住唱起来。鸟儿们看到自己的歌声唤醒了太阳姑娘,高兴地拍着翅膀,唱得更动听了。

图 4.7

"元"字变成了一只勤劳的大公鸡。新年的第一天,它早早地爬到高高的山顶上,张开嘴巴喔喔地叫起来。太阳听到了,赶忙起床,它想到今天是2013年的元旦,就开心地打着新年的旗子钻出水面。小鱼儿们都知道了今天是元旦,开心地跳起舞庆祝新的一年来到了!

图 4.8

第四章 借形想象创意——让童心自由放歌

教学思考 >>

借形，给幼儿一个想象的支点

汉字、英文字母、数字是我们生活中经常出现的字符，随着孩子年龄的增长，他们对这些字符也越来越感兴趣。借"字"想象作为线条想象的另一种形式，丰富了儿童绘画的内涵。

在此次活动中，孩子们将"元"、"旦"二字的笔画进行延长、拉伸，画面因而被分割成形状各异的块面，教师鼓励幼儿大胆地借"字"想象，将这些千变万化的块面与元旦相关的事物进行想象添加，构成了一幅幅生动有趣的画面。比如：孩子们把"旦"变成海上初升的太阳，把"元"字变成圣诞老爷爷、小兔子、大公鸡等可爱的形象，而孩子们讲的"元旦"的故事更是稚拙可爱、妙趣横生。

在以创造想象为主题的绘画活动中，如果教师没有有效的手段和方法拓展幼儿的思维，会导致幼儿不敢想、不敢画，而想象的结果也会变成不知所云的"大怪物"。在借"字"想象活动中，字的含义为幼儿提供了更加广阔的想象空间，成为幼儿创造性思维的支点，让孩子们的创作活动变得生动流畅、趣味盎然。

知识链接 >>

> 旦，早期甲骨文为 ，上边的四边形符号代表天宇空间，下边的四边形符号代表大地，造字时代古人认为天地是两个无边无际的平面。晚期甲骨文为 ，用 代替天宇，强化日出而天地分的含义。金文 将表示大地的方形 口 写成实心的黑点 ●。篆文 旦 将实心黑点 ● 改写成一横，代表地平线或海平线，当太阳从地平线上升起来之后，天就亮了。

大班：名字的故事

设计意图 >>

姓名，既承担着家族传承的重任，也蕴涵着家人对子孙的期望与祝福。借助汉字中线条的延伸拓展，从不同的角度、不同的方向引导幼儿进行大胆的想象添加，不失为创意美术活动的一次新尝试。同时，在活动中幼儿也可以将自己名字的含

义蕴藏其中。

活动目标 >>>

(1) 能够将自己的名字进行延伸变形，感受汉字变化的乐趣。

(2) 根据汉字的变形进行想象添画。

重难点 >>>

根据汉字的变形进行想象添画。

活动准备 >>>

8开铅画纸，油画棒，水粉笔，水粉颜料。

活动过程 >>>

1. 说说自己的名字

请幼儿介绍自己的名字由哪几个字组成，代表什么意思等。

2. 画画自己的名字

(1) 出示范例，引导幼儿发现每个人的名字不仅蕴涵着不同的意思，而且汉字里还藏着一幅幅很漂亮的画。

(2) 请幼儿在纸上写下自己的名字，要求写大、写满。

(3) 请幼儿将名字的笔画进行延伸，直到碰到其他笔画或画到纸的外面。

(4) 幼儿将名字里面蕴涵的意义与画面进行结合，并从中寻找出来。幼儿可以转动纸张找一找，大胆想象分割的画面，并添画细节。

(5) 请幼儿选用自己喜欢的油画棒颜色涂色，最后用油水分离法（在用油画棒完成作品后，再在纸上刷上水粉颜料）完成。

3. 讲讲名字里的故事

(1) 请幼儿讲述自己名字里躲藏的故事。

(2) 同伴间互相欣赏讲述，体验成功的快乐。

第四章 借形想象创意——让童心自由放歌

作品欣赏 >>>

我叫王珂涵，爸爸妈妈希望我长大以后能成为一名有爱心的小朋友，并把爱心送给其他小朋友。

图 4.9

我叫桑佳彤，佳是佳人的意思，彤是太阳的意思，爸爸妈妈希望我能成为一代佳人，我还是爸爸妈妈心中的小太阳。

图 4.10

我叫孙艺丹，爸爸妈妈希望我长大后成为一名多才多艺的小女生，不但会画画，而且还会唱歌呢！我有很多奖杯！

图 4.11

教学思考 >>>

名字含义与画面的紧密结合

在"特别的我"这个主题活动中，幼儿对自己的名字都有了比较深刻的了解。当他们讲起自己名字的故事时，脸上都洋溢着自信的笑容，他们懂得名字承载着长辈对自己的爱和期望。既然如此，能不能让幼儿画画关于自己名字的故事呢？教师们为此进行了积极的探索。

最初，教师想借助幼儿手写的名字进行想象，将名字中的线条加以延伸，借助文字自身分割成的块面展开想象。这样创作出来的作品，画面中不仅藏了自己的名字，还表达了幼儿的各种创想，应当是一个很有创意的活动设计。但是，在课例研磨中，教师发现了问题：虽然画面色彩饱满，乍一看有着很强的艺术感，但仔细研究画面内容，有的是动物形象，有的只是颜色的拼凑，幼儿无法表达出自己名字的含义。

怎样让幼儿画出富含名字意义的想象画呢？教师们改变思路与设计，将原来的"大胆想象分割的画面，看看里面躲藏着什么，并添画细节"改为"将名字里面蕴涵的意义与画面进行结合，并从中寻找出来，添画细节"。这样，画面与名字的含义紧密地结合起来！孩子们真正从名字的变形中感受到自己的独一无二，感受到自己是最棒的！

尽管从画面来看此次作品不及上次效果好，但是，让幼儿通过绘画表达情感、表达内心，远比画一幅看上去很漂亮的画要重要得多。

案例呈现3　　　面的想象

中班：小水滴奇遇记

设计意图 >>>

玩色游戏是小班孩子的最爱，拓印、滴画、滚画、吹画……各种浑然天成的画面给孩子们提供了无尽的想象空间。水是大自然自由灵动的精灵，如果让各种颜料像水一样随意流淌，再拓印在纸上会是怎样的画面呢？滴水成画活动，让孩子在与水的邂逅中，展开想象的翅膀，翱翔在创意的天空。

活动目标

(1) 尝试滴水拓印的方法。

(2) 根据水迹想象添加，通过点画眼睛、勾边等形式变出各种动物。

重难点

借助滴水拓印出来的水迹进行创意想象，通过点画眼睛、勾边等形式添画成各种小动物。

材料准备

经验准备：幼儿认识各种常见的动物，并了解它们的基本特征。

材料准备：宣纸、水粉颜料、塑料桌布、棉签。

活动过程

1. 玩一玩：颜料宝宝去旅行

师："颜料宝宝出来玩，流到这流到那，五颜六色真好看。"引导幼儿将各种颜料滴洒在塑料桌布上，让其自由流淌混合在一起。

2. 拓一拓：颜料宝宝吸起来

(1) 教师示范拓印方法：将宣纸轻轻地蘸在桌布上的颜料里吸附形成各种印迹。

(2) 幼儿尝试拓印。

3. 找一找：小动物在哪里

师："有一群小动物躲在里面，它们在哪里呢？快把它们找出来，向大家介绍一下。"引导幼儿运用先画眼睛再添画斑纹或羽毛的方法想象添画。

4. 画一画：小动物出来了

(1) 点画眼睛。

教师重点示范眼睛的画法：画眼睛并不难，蘸上颜料，黑色点一点，变出小眯眼，慢慢绕一圈，变成大眼睛，中间一点白，黑色中间绕一圈，漂亮的眼睛真好看！

(2) 勾出小动物的外形：勾边，添画动物的斑纹或羽毛。

(3) 添画细节部分：嘴巴、牙齿、鼻子等。

5. 说一说：小动物在干啥

引导幼儿相互分享交流："这里都有哪些小动物？它们在干什么呢？"

作品欣赏 >>>

小水滴变成了大青蛙，一下子就逮住了一只大飞虫。

图 4.12

小水滴变成了红太郎，她打扮得漂漂亮亮的要去赴宴。

图 4.13

小水滴变成了大恐龙，威武地张着大嘴巴。

图 4.14

小水滴变成了三个好朋友。

图 4.15

教学思考 >>>

帮孩子推开想象的窗

颜料洒在桌子上，对于我们成人来说是一件令人高兴不起来的事：桌子脏了要重新擦，纸染上颜料要清理……但是孩子能从中看到什么呢？颜料在纸上那弯弯曲曲的痕迹引发了他们无尽的遐想，激发了他们创作的欲望。把一张普通的白纸随便往上一盖，压一压，自然形成的印迹便跃然纸上，由此，带着兴奋和新奇，

第四章 借形想象创意——让童心自由放歌

孩子们的创作开始了！在这里点上眼睛、勾出轮廓，一条调皮可爱的热带鱼游来了！绿绿的田野中一只能干的小青蛙跳起来要吃蚊子呢！……一节生动的美术活动在孩子的主动探索中慢慢成形了。

由此可见，生活中常见的事物、细节都可以成为美术活动的源泉。美术教育没有既定的模式，也不拘于形式，每次活动都像是教师在带领幼儿做一次探险，在想象中进行一次旅行。有时候，成人需要做的仅仅是帮助孩子推开想象的窗，美丽的景色则需要让他们自己去观察、去发现。相信在教师耐心的引导、等待下，每个孩子都会发现不同的风景！

案例呈现4　　形的创意

中班：圆形变变变

设计意图 >>

圆，常常是孩子创作的第一笔，以圆为基础的形象，不计其数。因此，借助圆形展开的想象创作，就成为创意美术中最基础的课程。本活动因为相对简单，适合在中班进行。

活动目标 >>

(1)借助圆形充分发挥想象，将圆形变成各种小动物。

(2)能抓住动物的主要特征进行添画，并用线条进行装饰。

(3)体验合作作画的快乐。

重难点 >>

能借助圆形表现出各种小动物的外形特征，并用线条进行装饰。

活动准备 >>

经验准备：幼儿已了解各种小动物的外形特征。

材料准备：1开绘画纸4张竖着接起来，黑色记号笔，吹泡泡的工具，用洗洁精与水粉色调制的泡泡水。

活动过程

1. 情境激趣

教师利用"小画笔吹泡泡"的游戏情境,引导幼儿在纸上错落有致地画圆:小画笔吹出一个大泡泡;小画笔吹出一串串泡泡;两个泡泡抱在了一起;泡泡跑到外面去了。

2. 借圆想象

(1) 教师示范,将一个圆变成小兔子,重点强调画出小兔子的长耳朵,以及注意线条的连接、花纹的疏密等。

(2) 幼儿进行创作,教师巡回指导。

①提醒幼儿要突出小动物的眼睛:"要把泡泡变成小动物,一定要先找到它的眼睛。小动物的眼睛有的圆圆的,有的弯弯的,有的瞪得大大的。"

②鼓励幼儿添画动物的身体和身上的花纹。师:"小动物出来玩了,它穿什么衣服呢?穿上花衣服,小动物会很开心的。"

3. 玩色游戏:吹泡泡

(1) 请幼儿自由选择颜色吹泡泡,让泡泡自由地落在画面上。

(2) 和小动物们一起玩吹泡泡的游戏,用色彩点缀画面。

4. 欣赏、交流

请幼儿说说自己喜欢哪只小动物,为什么喜欢。教师则着重在线条、色彩、大小、位置等方面进行引导,为进一步提高幼儿的绘画水平打基础。

作品欣赏

今天小熊过生日,大狮子、小花狗、小花猫都来参加它的生日派对。

图 4.16

泡泡是个魔术师,一眨眼,就变成了小花猫、小白兔、大狮子……

图 4.17

第四章 借形想象创意——让童心自由放歌

中班：汉堡爷爷

设计意图 >>

怎样结合中班孩子的年龄特点开展想象画的美术活动呢？实践中教师发现，这一时期请幼儿借助某一物体进行指定目标的想象，是切实可行的。本活动就是教师凭借孩子们对汉堡的了解和熟悉，利用汉堡独特的外形，请幼儿定向想象创作"汉堡爷爷"。虽然都是"汉堡爷爷"，但是孩子笔下的"汉堡爷爷"各不相同，这源自每个孩子不一样的想象和理解。

活动目标 >>

(1) 初步尝试表现汉堡的形象，并根据汉堡的外形进行"汉堡爷爷"的相关想象。

(2) 喜欢创意想象活动。

重难点 >>

大胆表现汉堡的形象，并能根据汉堡的外形进行相关想象。

活动准备 >>

汉堡图片、各色油画棒、湿粉笔、绘画纸。

活动过程 >>

1. 设置情境，观察图片，帮助幼儿进一步了解汉堡的外形

教师出示各种汉堡的图片，提问："今天我们去'肯德基'买汉堡吧！汉堡是什么形状的？有几层啊？最上面一层有什么？中间夹着什么？看，绿绿的青菜都露在了外面呢！你喜欢什么样的汉堡？"

2. 尝试创作，大胆表现形象

(1) 教师提出创作要求，请幼儿写生汉堡。

师："今天，老师给每个人发一个餐盘，每人去买一个大汉堡。"教师发给幼儿每人一张A4大小的纸，请幼儿选择自己喜欢的汉堡图片，在纸上写生汉堡，提醒幼儿要画大。

(2) 在汉堡形象的基础上，鼓励幼儿发挥想象尝试添画，创作"汉堡爷爷"的形象。

师："汉堡，是德国人发明的一种食品，已经有很多很多年了，它就像一个老

爷爷。"引导幼儿说一说，汉堡哪个部分像老爷爷。比如：汉堡中鼓起的面包像老爷爷的光头，汉堡中的生菜叶子像老爷爷的胡子等。

师："'汉堡爷爷'想找好多老朋友到他家去做客，你们能帮忙再变出更多的'汉堡爷爷'吗？"

3. 分享交流，讲评作品

请幼儿介绍自己最喜欢的"汉堡爷爷"形象。

作品欣赏 >>>

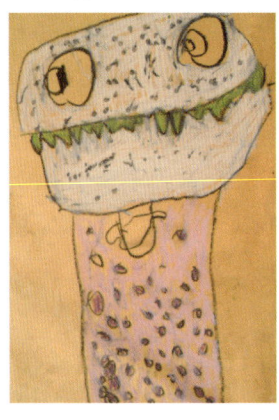  

图 4.18　　　　　　　图 4.19　　　　　　　图 4.20

大班：眼镜

设计意图 >>>

写生活动能加深幼儿的视觉印象，提高幼儿的观察力，锻炼他们的手眼协调能力，所以在大班开展写生活动具有重要的意义。但是，幼儿写生又受到其能力的限制，他们不可能将多个物品的组合关系很形象地表现出来，更不会将物品画得很具象，所以幼儿的写生对象应以数量少、形状特征明显为宜。因此，教师选择了眼镜这一幼儿生活中常见的物品作为写生对象，其简单的造型更利于发挥幼儿的想象力，满足幼儿观察和表现的需要。

活动目标 >>>

（1）能抓住眼镜的细节特征，尝试从不同的角度写生眼镜。

（2）根据写生作品大胆地进行想象添画。

第四章 借形想象创意——让童心自由放歌

重难点 >>

重点：从不同的角度写生眼镜。

难点：对写生作品加以相关想象和相似想象，并进行添画。

活动准备 >>

颜料、调色盘、棉棒、眼镜（近视镜、太阳镜、老花镜等）、8开色卡纸。

活动过程 >>

1. 从不同的角度观察眼镜

师："这是什么？从前面看是什么样子的？眼镜的后面是什么样子的？旋转一下又是什么样子的？"可以将眼镜横放在纸板上，引导幼儿观察眼镜的前面、后面或横向旋转45°观察，甚至也可以将眼镜折叠后再引导幼儿进行观察。

2. 尝试眼镜写生

(1) 出示不同的眼镜，鼓励幼儿任意选择眼镜和角度观察写生。

(2) 指导要点：要求幼儿注意刻画细节，如眼镜上的小螺丝钉、镜架上的花纹等。

3. 添加想象

(1) 师："你画的眼镜像什么？转动一下纸张，会不会又有新的发现呢？"

(2) 幼儿想象添画。教师引导幼儿用相关事物的颜色进行添加。

4. 描述画面故事

引导幼儿分享交流："你的眼镜变成了什么？它们在干什么？会发生什么事情呢？"

作品欣赏 >>

我的眼镜变成了一个大螃蟹。瞧，它是我们中国制造的。

图4.21

 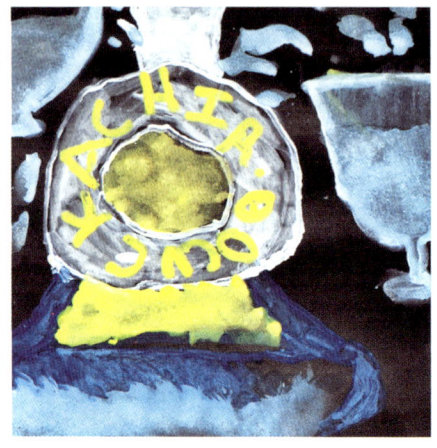

我的眼镜变成了一架直升飞机,正在飞呢。好多解放军叔叔在跳伞。

图 4.22

我画的是一副墨镜,它的镜片还是渐变色的呢。我把它画成了一瓶香槟酒。我还画上了杯子。

图 4.23

教学思考 >>>

利用幼儿写生特点展开想象

六岁左右的幼儿三维空间知觉能力迅速发展,表现物体的整体结构成为幼儿内在的需要。于是,幼儿园开始在大班尝试让孩子画实物,这就是幼儿写生,即将实物对象表现为图像的一种方式。写生活动是培养幼儿创造力的有效途径,幼儿在写生活动中不断积累、丰富感性经验,为想象奠定基础。

幼儿写生不同于通常意义上的成人写生,它不受透视学的约束。要让认知能力还处在初级阶段的幼儿把握精确的透视、比例关系是不可能的,幼儿写生只是让幼儿把自己对物体空间位置的认识大胆地表现出来。由于幼儿感知客观事物外部特征的视点和个人态度不同,以及表达表现的技能不同,就出现了同一个物体不同的孩子表现出千差万别的形象,这是孩子写生的特点,也为活动中的"借形"想象奠定了基础。

如何引导幼儿借自己写生的形象进一步地想象创作呢?教师可以从以下几个方面来引导。

(1)只写生物体的局部。为了能够让孩子们后面的想象创作更加顺畅,一般可以引导幼儿只写生物体的局部,即将物体的某一部分放大,写生出来。这样画出来的物体已经不是那么具象，这就为孩子进一步地添加想象降低了难度。

（2）换个角度来观察。一般在孩子完成第一步写生之后，教师会引导孩子反复观察自己的作品。当然，不只是顺着原作品的方向看，教师还会让孩子转动作品，分别从上、下、左、右多个角度来观察。

（3）想象成物体的局部。当孩子看不出自己画的像什么的时候，教师可以进一步引导幼儿，想一想它像什么东西的某一部分。

（4）先添画眼睛，再进一步观察。当尝试了各种方法都不能使孩子想象出自己画的像什么的时候，怎么办呢？教师可以让幼儿选择一个位置先画上眼睛，然后再来观察自己的作品像什么，这样创作就变得简单起来。

大班：摄像机

设计意图 >>

大班阶段的孩子一般不能按照物体的原样进行写生，常把有生命的东西和无生命的东西混淆在一起，写生带有很大的想象成分。借助这一特点，写生想象画就成为这一时期典型的作画内容。本活动源于幼儿园开放日中众多摄像机的出现，教师发现孩子居然对摄像机的品牌、外形、功能等如数家珍，由此，写生摄像机的活动便产生了。

活动目标 >>

（1）了解摄像机的外形特征，尝试写生摄像机。
（2）能够借助摄像机的基本形态进行添加想象。

重难点 >>

写生摄像机并进行想象添画。

活动准备 >>

经验准备：观察、使用过摄像机，对摄像机有一定的了解和认识。

材料准备：摄像机图片、摄像机各局部图片、电子白板、彩色正方形卡纸（黑色、红色、蓝色）、水粉、棉签、调色盘。

活动过程

1. 设疑激趣，引出摄像机

（1）教师使用电子白板的遮盖功能逐步出示摄像机的图片，激发幼儿参与活动的兴趣："今天老师带来了一样东西，大家看看是什么？"

（2）整体感知：摄像机是什么样子的？像什么？

2. 细致观察摄像机

（1）利用电子白板的交互功能，帮助幼儿深入感知摄像机的外形特征。

师："你对摄像机的哪一部分感兴趣？它像什么？"鼓励幼儿借助电子白板的记号笔记录自己的发现并大胆讲述。

（2）聚光灯展示：利用聚光灯细致地观察摄像机的局部特征。

3. 选择摄像机的局部图片并进行写生

（1）幼儿选择自己喜欢的摄像机局部图片。

（2）尝试写生摄像机。

指导要点：大胆表现摄像机的局部特征，刻画摄像机的细微部分。

4. 借形想象摄像机

（1）观察思考：你画的摄像机像什么？

（2）想象添画。

5. 欣赏、交流

鼓励幼儿互相欣赏交流同伴的作品，并大胆讲述自己的作品。师："你的摄像机变成什么了？发生了什么有趣的事？"

作品欣赏

我的摄像机变成了一座大工厂，里面有许多工人正在工作呢。

图 4.24

第四章　借形想象创意——让童心自由放歌

知道我画的摄像机像什么吗？我的摄像机变成了一台电话，而且还是可视电话呢，这样打电话就可以看到对方的表情、动作了。

图 4.25

教学思考 >>>

巧妙利用多媒体技术引发想象

多媒体技术以其方便的操作、直观的呈现功能深受教师们的青睐。在美术活动中，巧妙地利用多媒体技术引发幼儿思考、想象并进行美术创作，往往会收到意想不到的效果。近几年来，电子白板的加入更为教师的美术活动增色不少。

"摄像机"这个活动巧妙地运用电子白板的遮盖、聚光、记号笔等功能，让幼儿多角度、多维度地观察摄像机，引发幼儿想象并进行美术创作。活动中，教师使用白板的遮盖功能，慢慢地移除遮盖物，让幼儿猜想是什么；用记号笔将摄像机的局部直观清楚地呈现出来，在使幼儿更能理解自己想法的同时，也起到了示范的作用，鼓励幼儿积极参与；使用聚光功能，新奇的光圈让幼儿的想象更加色彩斑斓，充满童趣。可以说电子白板的运用使孩子们在活动中更加地兴致盎然。

本次活动只是用到了电子白板的一些比较粗浅的功能，但这些功能让孩子们与教师、同伴、课件之间的互动变得精彩，在这种互动中孩子们的想象更加灵性、饱满、充满童趣。相信电子白板在以后的活动中会得到更加广泛的应用，也期待着幼儿的想象带给我们更多的惊喜！

大班：沙发底下藏着什么

设计意图 >>

本活动是以绘本《沙发底下藏着什么》为情境的美术教学活动。找到绘本与美术的契合点，让绘本与美术巧妙地融合，是教学的关键要素。教师根据绘本情境，创设问题"沙发底下还藏着什么"作为本次活动的切入点，让孩子根据在沙发下面找到的一团朦胧的色块进行借形想象，并添画。在这里，"藏着什么"与"像什么"让绘本与美术创作实现了无痕链接。

教师之所以选择这个绘本，是因为绘本中在沙发下面找到的小惊喜能够引起幼儿的共鸣，和他们的生活经验非常贴近，因为他们喜欢玩藏藏找找的游戏。幼儿在猜想、寻找、绘画的游戏情境中，积累借形想象的经验，感受活动的快乐。

活动目标 >>

(1) 将喷好的色块进行借形想象，并添画成各种形象。

(2) 大胆表述自己的作品，体验创作的乐趣。

(3) 体会只要努力就会有收获的道理。

重难点 >>

将喷好的色块进行借形想象。

活动准备

经验准备：师幼共同欣赏绘本。

材料准备：绘本PPT、记号笔、孩子用的绘画纸（双层，上面是绘本中的沙发，下面是拓印好的各种形象）。

活动过程 >>

1. 看看沙发，想想说说

(1) 引导幼儿回忆绘本、走入情境，激发幼儿的兴趣。提问："这位爸爸怎么了？找不到什么了？到哪里去找呢？"

(2) 结合绘本讨论：沙发下面有可能藏着什么呢？

2. 掀开沙发，猜猜画画

(1) 猜一猜。

①出示幻灯片，引导幼儿进行局部猜想。提问："你觉得沙发下面还可能藏着什么？"

②实物展示，整体想象。提问："掀起沙发，从这个角度看它像什么？转一转，看一看，它又像什么呢？"引导孩子变换角度进行整体借形想象。

(2) 找一找。

①教师示范，感知画法。师："我们先把色块沿着边缘连接起来，然后再添加想象。为了看得更清楚，我们围着它转一圈，看看到底是什么呢？"

②个别示范，添画线条。师："原来是一块大蛋糕啊，真是个惊喜啊，蛋糕上还有什么？请你来找一找、看一看。"

(3) 画一画。

引导幼儿自由创作，想象添加。提问："沙发底下还会藏着什么小惊喜呢？我们赶紧去找找看吧。"

指导要点：长时间藏在沙发下面的东西，应该是不动的。想想看，有什么？当你看不出它是什么的时候，可以从另一个角度仔细看一看。

3．放好沙发，讲讲聊聊

引导幼儿共同欣赏同伴的作品，大胆表述，体验乐趣。提问："我们一起猜猜这个沙发下面藏了什么？你的又藏了什么呢？还有什么有趣的事情吗？"

作品欣赏 >>

这只小兔的牙齿掉了，用个小盒子把它保存起来。

图4.26

好大的一个冰激凌呀！好想去咬一口啊！我和好朋友一起尝了尝，好甜！

图 4.27

沙发底下藏着一只爱美的美人鱼，它脖子上还戴着一串漂亮的项链呢！

图 4.28

沙发下面藏着一艘神奇的宇宙飞船。我可以坐着它去很远的地方看一看。

图 4.29

一个吃剩下的鱼刺掉在了沙发下面。

图 4.30

爸爸的车钥匙不见了，不过沙发下面又跑出来一辆新的车，可以送爸爸去工作了。

图 4.31

第四章 借形想象创意——让童心自由放歌

教学思考

实现想象力的突破

在美术教研活动中,教师提出这样的问题:"在以想象为主题的美术活动中,幼儿的想象局限在了动物这一层面,我们能不能引导幼儿想象动物之外的形象呢?"围绕这一问题,教师们开展了一组课例的研究,本课例就是其中之一。

起初,教师的思维从"引导幼儿想象成动物"一下子跨越到了"引导幼儿想象动物以外的形象",在这样的强行要求下,只有几个能力较强的幼儿较好地完成了作品,其他幼儿显得无所适从。

怎样解决这一问题呢?反思中教师得出结论:第一,要让幼儿回家去翻一翻沙发,再次体验生活。第二,幼儿水平不一,教师就不能做一刀切的要求,可以允许部分幼儿仍想象成小动物。第三,教师选择动物以外的形象进行示范,丰富幼儿的直观经验。第四,将色块描边,让"形"更突出,降低想象的难度。第五,教给幼儿想象的方法——从局部想象开始。

几次教研之后,教师终于帮助孩子实现了想象力的突破。

案例呈现 5

体的变幻

小班:土豆变变变

设计意图

小班幼儿处于涂鸦期,他们往往会用一些不规则的圆和一些简单的线条组合表示看到的事物。那些不规则的圆就像一些大小不一、凹凸不平的土豆。为了让幼儿发现圆与线条更多的组合方式,增加涂鸦的兴趣,教师选取了生活中简单的物品——土豆和牙签,让幼儿尽情地表达表现,通过立体制作体验创作的乐趣。

活动目标

(1)乐意用立体材料进行创意想象,体验成功的快乐。

(2)大胆地用牙签和土豆表现人物简单的外形特征。

重难点

用牙签和土豆组合进行创意想象。

活动准备

洗干净且晾干的土豆若干,黑色颜料,毛线,金、银水彩,两头被剪平的牙签若干,棉棒。

活动过程

1. 看看说说小土豆

师:"小朋友看这是什么?你觉得它长得像人身上的什么部位?"教师通过组织幼儿观察,引导幼儿开启想象之门。

2. 土豆变变变

(1)教师出示"土豆人",引发幼儿的创作动机。师:"小土豆在好朋友牙签的帮助下就能变成一个'土豆人'"。

(2)师:"应该怎样做呢?"引导幼儿讨论制作步骤。

(3)师生共同操作,完成一个"土豆人"的形象。操作方法:用黑颜料点上眼睛、嘴巴,然后粘上黑毛线当作头发,再用牙签当手和脚,把土豆撑起来。

3. 一起来做"土豆人"

(1)师:"请小朋友每人选1个自己喜欢的土豆。"

(2)师:"你想做一个什么样的'土豆人'?这里有牙签棉棒和水彩,快去试一试吧。"

(3)师:"想办法让自己的'土豆人'立起来,并比比谁的'土豆人'朋友更特别。"

(4)提示幼儿可以涂上金、银水彩,把土豆变成奥特曼,启发幼儿想象出更多的形象。

4. 欣赏、分享

(1)请幼儿给自己的"土豆人"取名字。

(2)请幼儿说说自己最喜欢的土豆朋友。

第四章　借形想象创意——让童心自由放歌

作品欣赏 >>

图 4.32

图 4.33

教学思考 >>

享受立体涂鸦的快乐

　　儿童美术活动不仅是幼儿学习美术技能，还是他们认识世界、表达自己感受、获得肯定的一种方式。小班幼儿正处于涂鸦期，因此教师要贴近幼儿生活，选择突显趣味的内容，为幼儿提供充满丰富感受或体验的活动，引起幼儿的共鸣。

　　拿画人来说，小班幼儿往往把人的头部归纳为一个圆形，在圆形的左右两边加两条线做手臂，下面加两条线做腿，这就是我们通常所称的"蝌蚪人"。用"蝌蚪人"来表征人和物，可以说是每一个孩子都会经历的一个阶段。由于小班幼儿手部控制能力不够，手的动作很不准确，所以画的圆往往比较稚拙，像土豆一样凹凸不平，我们又称之为"土豆圆"。

　　如何顺应小班幼儿的特点，用土豆圆来表现更多的事物，帮助幼儿积累更多的绘画经验呢？教师选取了生活中孩子熟悉的物品，进行简单地组合，通过创意想象用立体的造型取代平面造型，更简单直观、生动有趣。孩子们的无限创意足以说明这样的内容更切合他们的兴趣和需要，摆脱了孩子因为手部力量不足不能有控制地涂鸦的局限，满足了他们在成长过程中不断求新、求变的内在心理需求，他们的自信心和美术造型能力也会得到迅速提高。

大班：陶泥畅想

设计意图 >>>

陶塑是孩子们最喜欢的美术形式之一。陶泥的可塑性非常大，在幼儿的团团、捏捏、压压中可以变换出千姿百态的造型，非常有利于幼儿进行借形想象。大班的孩子已具有揉捏造型的能力，初步掌握了塑造形体的方法，对各种动物的特征、人物的造型等也具有一定的经验，也就是说，具备了进行陶泥创作的技能和经验准备，而借形想象能够拓展孩子的思维，使孩子的创新意识和实践能力得到和谐的发展。于是，教师设计了本活动，希望借助陶泥的可塑性和可重复造型的特点，让孩子随意捏出一定的造型，并在此基础上通过添加辅助材料进行借形想象，充分发展孩子们的想象力和创造能力。

活动目标 >>>

（1）运用揉捏、搓团、切割等技能玩泥，体验玩泥活动的乐趣。

（2）尝试从不同的角度观察和想象，利用添加等方法借形想象成不同的动物或人物。

（3）能根据自己的想法积极地参与想象创作活动。

重难点 >>>

尝试运用揉捏、添加等方法玩泥，并在此基础上借形想象成不同的动物或人物。

活动准备 >>>

陶泥、泥工板人手一份，豆类、花生壳、雪花片、羽毛、毛线、树叶、果实、纽扣、吸管等辅助材料。

活动过程 >>>

1. 在游戏中团泥塑胚

（1）利用"大力士"的游戏情境导入活动："有块泥巴很伤心，它的身体里有好多泡泡，它想请大力士帮助它把身体里的泡泡摔出来，这样泥巴的身体就更光滑、更漂亮了。"引导幼儿摔泥巴，把泥巴中的气泡摔出来，以利于下一步塑形。

（2）玩"挖山洞"的游戏，引导幼儿将陶泥做成不规则的形状。师："小朋友还可以用手在陶泥上挖山洞，这儿挖一个，那儿挖一个，看谁的山洞更好玩。"

第四章 借形想象创意——让童心自由放歌

2. 在想象中创作塑形

(1) 引导幼儿从不同的角度观察陶泥。

师:"请小朋友仔细看看你的陶泥像什么？小朋友可以把陶泥转一转，从上面、左面、右面看看它像什么小动物？"

(2) 教师示范动物五官的添加和表现方法，引导幼儿将手中不规则的陶泥进行想象添加，表现动物或人物。

提示幼儿："你们可以团一个小球来当眼睛，也可以选择篮子里的材料当眼睛。"

3. 在展示中体验成功

(1) 将幼儿制作好的作品展示，请幼儿互相欣赏、交流。

(2) 对想象突出、具有个性的作品重点评价。

作品欣赏 >>>

一块块陶泥经过孩子们灵巧的双手、奇特的想象变成了造型各异的动物，如猴子、大象、天鹅、食蚁兽等。

图 4.34

教学思考 >>>

创意陶泥让想象思维更活跃

"玩泥"是孩子的天性，孩子们或搓、或揉、或压、或刻、或团，任意地在泥巴上留下自己快乐的痕迹。在新课程开展的今天，如何更好地引导孩子在快乐玩泥的同时，让他们独特的想象与表现力自由地体现，是教师在设计活动前需要思考的内容。总的来说，不外以下三个方面：

(1) 情境生动有趣。开展陶艺活动时，教师应创设生动、有趣的情境，使幼儿产生轻松愉快的心境，让幼儿的思维在想象的天空绽放灵性的光彩。比如，在本次玩泥巴的游戏中，幼儿手中的泥巴一会儿是泥爸爸，一会儿是泥妈妈领着泥宝宝钻山洞……在生动有趣的游戏中，孩子的想象思维活跃起来。

（2）创意启发、引导。在陶泥创作中，当孩子掌握了搓、团、捏、压等基本的技法，对陶泥有了一定的感知后，教师可以引导幼儿展开想象。比如，在本次活动中，教师引导幼儿转一转陶泥，从各个方向看看它像什么小动物。

（3）材料丰富多样。当幼儿有了充分的想象后，教师应为他们提供丰富、充足的辅助材料，鼓励幼儿对想象后的造型再进行想象、添加，使其更加生动、形象、有趣。比如在本次活动中，教师提供了红豆、牙签、雪花片、羽毛、毛线、树叶、果壳、瓶罐等丰富的辅助材料。于是，有的幼儿在创作刺猬时用牙签做小刺猬身上的刺；有的幼儿把毛线当做娃娃的长辫子；还有的幼儿把树叶当作孔雀美丽的羽毛……丰富多样的辅助材料让孩子们的想象插上了翅膀。

知识链接 >>>

陶泥，也叫陶土，是指含有铁质而带黄褐色、灰白色、红紫色等色调，具有良好可塑性的黏土，其矿物成分以蒙脱石、高岭土为主。陶土主要用作烧制外墙、地砖、陶器具等。

案例呈现6 意的畅想

中班：氧气精灵

设计意图 >>>

氧气看不见、摸不着，为幼儿提供了无限的想象空间。"氧气精灵"的提法既符合幼儿意识中"泛灵论"的特点，又为表现氧气提供了具体的方法，使幼儿可以充分地发挥想象力和创造力，画出自己心目中的"氧气精灵"。本次活动，教师选择请幼儿在牛皮纸信封（纸袋）上创作，作品完成后可以将信封（纸袋）充气使之鼓起，变成立体作品，装饰性极强。这样做既提高了幼儿的创作兴趣，又使作品充满趣味性。

第四章 借形想象创意——让童心自由放歌

活动目标 >>

（1）大胆想象氧气精灵的特点，并创造性地表现出来。

（2）尝试用水粉作画，感受水粉的覆盖特点。

重难点 >>

想象氧气精灵的样子，并能大胆富有个性地表现。

活动准备 >>

经验准备：幼儿了解氧气的相关知识。

材料准备：大小不同的牛皮纸信封或纸袋，棉签，各色水粉颜料。

活动过程 >>

1. 讲述想象中的氧气精灵

（1）请幼儿说一说自己知道的氧气知识。师："氧气是什么，谁能说一说？"

（2）师："如果氧气是一个小精灵，会是什么样子？"启发幼儿从脸型、嘴巴、耳朵、头发、眼睛、鼻子、穿衣打扮等各个方面进行想象并讲述。重点强调要与众不同，能创造新奇、有趣的精灵形象。

2. 指导幼儿创作氧气精灵

（1）向幼儿介绍作画材料：水粉、棉签、牛皮纸信封（纸袋）。

（2）师："请小朋友把你想象的氧气精灵画下来，看谁的氧气精灵与别人的不一样。"

（3）幼儿绘画，教师指导。教师要及时指导并鼓励幼儿进行个性化的表现，鼓励幼儿画自己心目中的氧气精灵，不去学别人。教师切忌以自己的观点去影响孩子。

3. 欣赏、讲述氧气精灵

请幼儿讲述自己作品中氧气精灵的特点。师："你画的氧气精灵是什么样子的？它有什么本领？"

作品欣赏 >>

我的氧气精灵有三只眼睛，他很高兴。

图 4.35

我画了一个外星人氧气小精灵，他本领很大，能飞上天。

图 4.36

这是个机器人氧气小精灵，他能帮我们干很多事情。

图 4.37

中班：给天使一对翅膀

设计意图 >>

　　故事《给天使一对翅膀》讲述了小男孩画了一个天使，可天使不要一成不变的羽毛翅膀，然后小男孩大胆地发挥想象，给了天使海浪般的翅膀、闪闪发光的翅膀、草编的翅膀、金色阳光般的翅膀，还有纸做的翅膀和布满可爱雀斑的翅膀……故事中小男孩富有想象力的创作，如同一把钥匙开启了孩子们与生俱来的想象之门。"你还可以给天使一对怎样的翅膀呢？"针对这个问题，活动"给天使设计一双独一无二的翅膀"水到渠成地产生了。

活动目标 >>

　　（1）借助绘本充分想象，为天使添画翅膀。

　　（2）大胆讲述自己的作品，体验创造想象的乐趣。

重难点 >>

　　重点：借助绘本充分想象，为天使添画翅膀。

　　难点：把翅膀画大出穴，并能添画背景使画面丰满。

第四章 借形想象创意——让童心自由放歌

活动准备 >>>

经验准备：事先阅读过绘本，对里面的内容比较熟悉。

材料准备：颜料，棉签，正方形牛皮纸，做好封面、封底的大书，天使正侧面形象的贴纸。

活动过程 >>>

1. 回忆绘本，观察天使的翅膀

(1) 师："小朋友喜欢天使吗？谁能说说你心目中的天使是什么样子的？"

(2) 师："故事里的小男孩送给了天使各种各样的翅膀，你最喜欢哪对翅膀呢？为什么？"重点引导幼儿欣赏三幅画面（正面、背面、侧面的天使），着重观察天使翅膀的位置及出穴的画面效果。

2. 创编想象，给天使添画不同的翅膀

师："如果是你，你会画一对什么样的翅膀送给天使？为什么？"

提出操作要求：选择天使形象贴在纸的不同位置；把想象中的天使翅膀大胆地画下来；添画不同的背景，使画面丰富。

3. 展示作品，大胆讲述

(1) 将作品贴在已画好封面、封底的大书上，形成一本新绘本。

(2) 师："你为小天使做了一对什么样的翅膀？请学着用绘本中的语言来讲一讲。"

(3) 小结：有了这么多神奇的翅膀，小天使更愿意去帮助别人了。帮助了小天使，你们也会很快乐。希望小朋友以后也要多帮助别人，做个大家喜欢的爱心小天使。

作品欣赏 >>>

我送给天使一对彩虹翅膀，让他们能得到温暖和快乐。

图 4.38

我送给天使一对数字翅膀,有多少数字,天使就能做多少好事。

图 4.39

我送给天使一对彩带翅膀,让大地有更多的颜色。

图 4.40

教学思考 >>>

并非材料越多,越能体现孩子的想象

为追求所谓的画面效果,教师常常绞尽脑汁出新、出奇,为一节活动提供了琳琅满目的各种材料,这些新方法、新材料的确吸引了孩子的注意力。然而,我们不禁要问:孩子内在的美感、内心的情感、创意又被激发了多少呢?材料越多,就越能发挥孩子的想象吗?

"给天使一对翅膀"是绘本情镜下的一节典型的创意想象活动。毋庸置疑,想象添画天使的翅膀是这节课的重点。在对天使的讨论中,孩子们说:"我想送给天使一对音符的翅膀,让我们的世界到处是歌声。""我想送给天使一对彩虹的翅膀,让大自然变得五颜六色。""我想送给天使一对雨点的翅膀,给沙漠送去雨水。"孩子们的想象新异奇特,充满童真童趣,充分体现了他们内心的情感取向与审美价值观。

孩子们丰富的想象灵感应该以何种形式表现出来呢?在绘画形式及工具材料的选择上,执教老师进行了多次调整。比如,为了追求画面的新颖别致,执教老师最初想到的是立体造型。

在第一次尝试中，教师提供了多种材料，如贝壳、树叶、花瓣等，让孩子进行翅膀的粘贴，但众多的材料投放限制了孩子的想象力。比如，孩子可能想象的是雨点翅膀，但雨点用材料不好体现，这时他看见了树叶，于是他又选择了树叶。他可能会说："我改了，我要送给天使一对树叶做成的翅膀。"这样的美术活动显然是违背初衷的，是为了美术而美术。孩子们会集中于材料工具的选择上而忽视想象创作的目的。

在第二次尝试中，教师选择了太空泥为主要塑造材料，配以彩珠、纸团等辅助材料。虽然太空泥有了一定的变通性、可塑性，但由于孩子的造型能力有限，容易产生眼高手低的情况，如想象得很美好却无法用现有的材料表达出来，孩子创作的积极性会被极大地削弱。

第三次尝试，教师抛弃了立体造型，选择了砂纸画。但由于砂纸画的特点，表现出来的笔调是粗犷的、热烈的，与原绘本的古朴风格相差甚远，孩子想象中一些细腻的、美好的东西都不能很好地表达出来。

经过多种尝试后，教师仔细分析了该班幼儿的年龄特点及作画经验，并再次仔细研读绘本，最终选择了与绘本风格相一致的水粉棉签画。在淳朴的牛皮纸上，孩子用棉签自由挥洒，一个个可爱的天使形象在孩子们的笔下跃然而出。

通过以上案例我们可以看出，一个好的美术活动不能为了创新而创新，只有适合孩子的才是最好的。孩子的想象需要宣泄，一大堆的材料选择或许不如在一张最普通的白纸上尽情挥洒来得痛快。千万不要让教师的教法和材料的"新"淹没了孩子的"心"。

大班：青霉素和感冒病菌

设计意图 >>>

随着冬季的来临，流行感冒不断侵袭着幼儿。发烧、头疼等感冒症状是孩子们都经历过的。打针、吃药是对付感冒的基本方法，但是药物与病菌之间的斗争是无形的，这就给幼儿的创作提供了广阔的空间。在本次教学活动中，教师引导幼儿海阔天空地想象病菌和青霉素的样子，用不同的色彩表现正义和邪恶，让幼儿充分地体验想象创作的快乐。

活动目标 >>>

(1)根据自己的理解，自主想象创作感冒病菌和青霉素的形象，并能通过形象和色彩来表现正义和邪恶。

(2)迁移生活经验，大胆表现想象中的激战场面，并合理安排画面。

(3)养成良好的生活、卫生习惯，并积极锻炼身体，增强体质。

重难点 >>>

创作感冒病菌和青霉素的不同形象，合理地安排画面。

活动准备 >>>

经验准备：活动前讨论过有关感冒的情况；看过各种病菌的照片或动画课件；了解有关病菌的知识。

材料准备：记号笔、8开纸、油画棒。

活动过程 >>>

1.谈话导入，唤起幼儿对感冒的已有经验

师："你感冒过吗？感冒了有什么症状？为什么会让人这么难受？"

小结：感冒病菌是让我们难受的罪魁祸首，它可能会是什么样子呢？

2.讨论感冒病菌的样子，大胆想象可能发生的事情

(1)讨论：病菌会是什么样子？病菌会在身体里做什么事情令人们难受？

(2)请个别幼儿到黑板上尝试作画。

小结：这些感冒病菌虽然很小很小，可是它们像怪兽一样形状怪异，在我们的身体里搞破坏，损害我们的身体健康。

3.讨论青霉素的形象，引导幼儿思考怎样表现青霉素和感冒病菌的不同

(1)讨论：谁能打败这些感冒病菌呢？你认为青霉素可能会是什么样子？它和感冒病菌有什么不同？怎样才能一眼就知道谁是青霉素，谁是感冒病菌？青霉素和感冒病菌会怎样作战？会用到什么样的武器呢？

(2)幼儿讨论各种表现方法。

(3)小结：可以在青霉素的身上画上红十字、药片、针管等，也可以通过色调、形象和五官的不同体现出来。比如，冷色给人感觉很可怕、不舒服，可以用它们来表现病菌；青霉素能解除我们的痛苦，很温馨，我们可以选择一些很明快的颜色，

以暖色来表现青霉素。

4. 提出要求，大胆创作表现青霉素大战感冒病菌的场景

师："感冒病菌和青霉素都有自己的大王和士兵，他们会怎样战斗呢？请小朋友想一想，画出来。"

5. 讲评

(1) 将幼儿的作品布置到展板上，请幼儿分别自己的作品。

(2) 提出下一次活动的要求：我们要用颜色来表现青霉素的勇敢和正义，以及感冒病菌的丑恶。

小结：小朋友感冒了虽然有青霉素可以帮助我们杀死病菌，可是生病会让我们身体不舒服，影响小朋友的健康成长，所以小朋友平时要经常锻炼身体，多喝水，讲卫生，这样就会不生病、少生病。

作品欣赏 >>>

青霉素卫士都非常的勇敢，一起向感冒病菌发起攻击，很快就把感冒病菌打得落花流水。
图 4.41

感冒病菌好厉害，是一个超级大怪物，但是青霉素士兵都不怕它，把感冒病菌包围了。
图 4.42

教学思考 >>>

由感冒引发的想象

孩子的童心世界充满了奇妙的想象。一个点、一条线、一个块面、一个场景都会给孩子一个无尽的想象空间。有谁能想到就连常见的感冒病菌和感冒药，幼儿都会赋予它们鲜活的生命呢？

场景：早饭后，教师在给幼儿喂药。

幼儿甲：老师，这些药很苦，我不想吃药。

幼儿乙：吃药才能赶跑病菌，身体才会健康。

幼儿甲：怎么赶呀？

幼儿乙：这些药在你肚子里会和病菌打仗，把病菌打死，感冒就好了。

接下来，几名幼儿你一言我一语展开了讨论，"病菌有手枪"，"青霉素有大炮"……虽然对话有些不着边际，却也能令人想象出一番战斗的场景。

感冒对幼儿来说并不陌生，几乎每个幼儿都经历过。幼儿对病菌这个词语也不陌生，对打针、吃药能治病的常识也有一定的了解。但是，病菌是什么样的，药物怎么能战胜病菌？怎样才能让幼儿理解这一切呢？成人无法描述的事物让幼儿说出来却那么鲜活和生动，又怎能不令人感叹幼儿的想象力？

本次教学活动是由感冒引发的想象，目的是让幼儿能够正确地对待感冒，进而养成良好的卫生习惯，保护身体不受病菌侵害。在活动过程中，教师创设情境以引起幼儿的共鸣，使其展开想象，创造出感冒病菌和青霉素的生动形象。

想象无处不在，只要教师有一双善于发现的眼睛，就一定能让教学活动更加丰富多彩。

知识链接 >>>

暖色： 红色、橙色、黄色为暖色，象征着太阳、火焰。

暖色系： 由太阳的颜色衍生出来的颜色。色环中的红、黄间的颜色为暖色系，给人以温暖柔和的感觉。

冷色： 绿色、蓝色、紫色等为冷色，象征着森林、大海、蓝天。

第四章 借形想象创意——让童心自由放歌

> **冷色系：** 色环中蓝、绿一边的颜色为冷色系，它使人们联想到海洋、蓝天、冰雪、月夜等，给人一种阴凉、寒冷、暗淡、灰暗的感觉。
>
> **中间色：** 灰色、黑色、白色为中间色。

大班：汉堡男孩奇遇记

设计意图 >>

汉堡是孩子们非常熟悉的食物，《汉堡男孩》这个绘本故事更是充满童趣。故事中，主人公维尼因为只吃汉堡而变成了一个巨型汉堡！其胖乎乎、圆滚滚的形象稚拙、可爱，富有创意，俨然就是幼儿画笔下的人物形象！在阅读过程中，幼儿随着跌宕起伏的故事情节为汉堡男孩的命运担忧着：汉堡男孩还会遇到什么事情呢？基于大班幼儿丰富的想象力和较强的表达表现能力，顺应幼儿对故事的兴趣，教师决定启发幼儿创编情节，体验并大胆表现汉堡男孩的心理状态。于是，富有想象的"汉堡男孩奇遇记"的活动就产生了。

活动目标 >>

（1）根据绘本情境合理创编故事情节，尝试运用撕贴、添画的形式进行创作。

（2）能体验汉堡男孩不同的心理状态，感受创作的乐趣。

重难点 >>

重点：根据绘本情境合理创编故事情节，尝试运用撕贴、添画的形式进行创作。

难点：能运用基底线表现画面场景。

活动准备 >>

经验准备：欣赏过绘本《汉堡男孩》前5页的故事。

材料准备：绘本《汉堡男孩》的幻灯片，8开背景纸（纸上画好一条曲线），水粉颜料、棉签、抹布，撕好的黄色、橙色圆形纸片，不规则形状的小彩纸。

活动过程 >>

1. 绘本导入，回忆故事

（1）引导幼儿观察封面人物："这是谁？为什么把维尼叫做'汉堡男孩'？"

(2) 引导幼儿回忆故事的前半部分内容："维尼在哪儿？遇到了什么事情？"

2. 示范操作，创编故事

(1) 教师把圆形纸片当作维尼，边操作边讲述："维尼好害怕，他跑呀跑，会跑到什么地方？"教师可以在纸上任意画一条曲线，引导幼儿观察曲线形状并进行想象："猜猜他跑到哪里了？"

(2) 变换圆形纸片的位置，启发幼儿大胆想象故事情节："维尼看到了什么？可能会遇到什么危险？谁会来救他呢？"

3. 尝试创作，表现故事

请小朋友每人选择一张大的圆纸片来做汉堡男孩，然后选择一张他们自己喜欢的背景纸，在上面摆一摆，想一想：汉堡男孩来到什么地方，遇到了什么事情呢？然后将圆纸片粘贴在背景纸上，再用水粉添画上汉堡男孩的五官和发生的事情。

4. 讲评小结，提升经验

(1) 鼓励幼儿讲述作品。师："你的汉堡男孩跑到哪里了？遇到了什么事情？"

(2) 比较幼儿针对同一曲线想象的不同的作品，启发幼儿相互学习。

作品欣赏 >>>

汉堡男孩一着急来到了河边，遇到一只小公鸡。小公鸡说："汉堡真香呀，我要吃掉你！"这时，汉堡男孩的好朋友出现了，帮助他摆脱了麻烦。

图 4.43

汉堡男孩掉进了狮子、老虎铺设的陷阱里，里面有很多水。他害怕极了，吓得哇哇大叫。鱼儿看见了都笑话他："谁让你光吃汉堡，胖得跑不动了，看你以后还吃不吃汉堡？"

图 4.44

第四章　借形想象创意——让童心自由放歌

汉堡男孩跑到森林里，妈妈紧紧跟着，终于认出了汉堡男孩，赶紧把他抱回了家。汉堡男孩好开心呀，对妈妈说："我以后再也不吃汉堡了！"

图 4.45

教学思考 >>>

巧用基底线引发创造想象

绘本《汉堡男孩》以奇妙的故事情节、可爱的人物形象和简单的场景画面深深吸引着幼儿。仔细阅读，你会发现绘本的画面构图既独特又符合幼儿的年龄特点。弯弯的小路、绿绿的草地、宽阔的牧场、明朗的天空…… 一条变化不同的弧线将画面布局成几个不同的场景，汉堡男孩和追逐他的各种角色就在这一幅幅看似简单却又丰富、生动的场景中奔跑穿梭。

基底线是幼儿绘画中一个常见的符号。我们经常见到幼儿在绘画的时候，先在纸上画出一条长长的线条作为地面的标志，把整个画面分成地上和地下两部分。基底线的出现说明幼儿已经初步建立了空间概念，有了天和地、上和下的认识。他们在画面中也开始有意识地去表现。

在本次活动中，教师借鉴绘本《汉堡男孩》的画面构图特点，为幼儿提供了画有不同形状基底线的背景纸，让幼儿借助不同的形状进行想象："这是什么地方呢？"引导幼儿先进行场景的想象，然后再进行情节的想象："在这里，汉堡男孩会遇到什么问题呢？会有谁来帮助他呢？"教师用一块圆形纸片来代表汉堡男孩，这样幼儿可以随意变换圆形纸片在背景纸上的位置，发挥活动教具灵活多变的作用，启发幼儿变换不同视角，拓展思路，大胆想象故事情节。在幼儿创作的过程中，教师发现同一条基底线，幼儿会想象成不同的场景，如山坡、森林、河边、公园，甚至是陷阱。幼儿的求异思维此时得以尽情地表现，想象和思维变得更加积极，可以说基底线起到了明显的推动作用；而由基底线分割而成的背景画面，在幼儿添画后变得丰富多彩，构图更加饱满。所以，基底线的运用为幼儿的想象创造提供了帮助，使

幼儿的画面构图巧妙，更引发幼儿的无限创想，让他们尽情享受美术带来的快乐！

知识链接 >>>

> **基底线：** 是指幼儿在画纸中略靠下的地方画的一条横线，然后依此线为空间间隔，将房子、树、人物等形象画在这条线上。基底线的出现，说明幼儿已经具有了天和地的概念，也就是上和下的概念；标志着幼儿已经从自我中走出来，进入一个群体世界里；表现出幼儿有了安排秩序的愿望和在相互关系中观察事物的能力。

大班：别让鸽子太晚睡

设计意图 >>>

孩子都是父母的掌上明珠，面对孩子，父母舍不得说个"不"字，有时即使说了也得不到孩子的理解，身为父母可能都曾为这种事情苦恼过。一只从绘本故事《别让鸽子太晚睡》中飞来的鸽子可以帮我们解决这一难题。鸽子与小读者直接对话，告诉孩子什么时候应该说"不"，为何要说"不"，让孩子在欢笑声中明白做人的道理。此书运用了大量的"留白"，恰恰为幼儿提供了极大的想象空间，引发幼儿产生丰富的联想。鸽子与幼儿之间的良好互动，为美术活动的开展奠定了情感基础；借助鸽子的不同动态大胆猜想它拒绝睡觉的理由，为幼儿的美术活动提供了丰富的想象空间。情感与画面相互交融，幼儿赋予了鸽子新的生命和活力。

活动目标 >>>

(1) 依据鸽子的不同体态大胆猜想，创编故事情节。

(2) 根据想象大胆地进行创作，感受作画的乐趣。

重难点 >>>

创编故事情节，并大胆地创作。

活动准备 >>>

经验准备：欣赏过绘本《别让鸽子太晚睡》。

材料准备：绘本《别让鸽子太晚睡》及PPT，形态各异的鸽子图片若干，双面胶，黑色绘画纸，油画棒，背景音乐。

第四章 借形想象创意——让童心自由放歌

活动过程

1. 绘本导入，激发兴趣

(1) 师："还记得这本书吗？它说了一件什么事？"

(2) 引导幼儿观察并模仿小鸽子的动作，大胆猜想小鸽子拒绝睡觉的理由，为后面的创作做铺垫。

师："看它的样子在想干什么呢？'热狗晚会'是什么样子呢？会有谁参加？晚会上它们都会干些什么呢？"

2. 创作表现，感受乐趣

(1) 出示贴满鸽子图片的展板，提出要求："请你选一只你喜欢的鸽子图片，粘贴在作业纸上，然后把它不想睡觉的理由画出来吧！"

(2) 师："想一想，你的鸽子会想什么理由拒绝睡觉呢？小鸽子应该站在什么位置上呢？"教师应注意提醒幼儿鸽子粘贴的位置，并根据鸽子的不同动态添加相应的理由。

3. 作品讲评

(1) 师："你画的鸽子想了什么理由？"

(2) 师："这是在哪里？还有别的朋友吗？"引导孩子将自己的画用较连贯的语言讲述出来。

作品欣赏

小鸽子说："我忘记和妞妞说一件事，我必须先去告诉她才能睡。"

图 4.46

小鸽子说："今天我太高兴了。我和小黄去公园划了船，还吃了很多好吃的，到现在我还兴奋得睡不着。"

图 4.47

教学思考 >>>

借助故事情境引发创造想象

绘本以其丰富的故事情境、优美的故事画面、精彩的故事情节吸引住了幼儿、教师甚至是家长的目光。绘本中蕴涵的美术元素逃不过教师的眼睛。读《方格子老虎》时，教师会关注横、竖线的画法；读《桃树下的小白兔》时，教师会引导幼儿产生帮小白兔再画一棵桃树的冲动。于是，绘本与美术相结合的活动就这样生成了。

晚上该睡而不想睡，不仅是鸽子会做的事，更是孩子们每天在做的事。这样的故事情节怎能不吸引孩子？对于鸽子寻找的各种理由，相信我们的孩子也不陌生，因此，针对故事情节进行创编，孩子们会有很多话说。

留白是绘画的技巧，是设计的手段，为读者提供了想象的空间，具有无中生有、无中胜有的效果，这也恰恰是绘本《别让鸽子太晚睡》和美术活动的结合点。大量的留白引发了孩子丰富的联想，故事情境的推动激发了孩子的创作动机和欲望，一节美术活动由此产生。

一节好的绘本美术活动首先要具备两点：一是有好的故事情境，二是找准好的美术元素。"别让鸽子太晚睡"这个活动恰恰具备了这两点。